선교사가 결코 쓰지 않은 편지

국립중앙도서관 출판시도서목록(CIP)

선교사가 결코 쓰지 않은 편지 / 지은이: 프레드릭 L. 코
신 ; 옮긴이: 이종수. -- [서울] : 형제들의집, 2013
    p. ;   cm

원표제: Letters missionaries never write
원저자명: Frederick L. Kosin
영어 원작을 한국어로 번역
ISBN 978-89-93141-58-0 03230 : ₩9000

선교(종교)[宣敎]
기독교[基督敎]

235.6-KDC5
266-DDC21   CIP2013006731

선교사가 결코 쓰지 않은
편지

프레드릭 L. 코신 지음 | 이종수 옮김

형제들의 집

차 례

역자 서문	6
추 천 사(박건신, 열린문선교후원회 회장)................................	8
저자 서문	10
추 천 사(조지 버위, Operation Mobilization의 창립자)	17
헌 사	18
제 1장 선교사 후보생	21
제 2장 주님과 선교회 중 누구의 말을 들어야 하나요?	29
제 3장 단기 선교 여행	35
제 4장 신임 선교사	41
제 5장 베테랑 선교사	50
제 6장 선교사 자녀들	58

제 7장 안식년으로 귀국한 선교사 72

제 8장 어머니가 된 선교사 83

제 9장 파선된 선교사 93

제 10장 은퇴한 선교사 111

제 11장 실패한 선교사 118

제 12장 과부가 된 선교사의 아내 127

제 13장 준비된 선교사 137

제 14장 당신이 도울 수 있습니다! 156

제 15장 우리를 위해서 기도해주세요 174

제 16장 기도 요청 196

제 17장 후기 212

역자 서문

선교사들이 차마 밝힐 수 없었던
그들만의 눈물, 고민, 갈등과 번민 등을 고스란히 담은 책

이 책을 처음 접하면서, 무슨 책일까 무척 궁금해 했습니다. "선교사가 결코 쓰지 않은 편지?" 하지만 한 장씩 우리 말로 옮겨가면서, 선교사와 그들만의 이야기가 펼쳐지면서, 차마 밝힐 수 없었던 그들만의 애끓는 사연들이 쏟아져 나오는 것이었습니다. 그들이 말로나, 글로는 표현할 수 없었던, 그들 삶의 이야기들을 대하면서 가슴이 저며오는 것을 느낄 수 있었습니다.

어떤 때는 이것이 과연 선교란 말인가? 하는 자괴감이 들기도 했고, 또 그들의 밑바닥이 다 보이는 것 같은 사연들을 대할 때면, 분노가 일기도 했습니다. 때로는 풋풋한 이야기들로 마음의 위안을 얻기도 했습니다. 선교사 그들의 이야기는 결코 그들만의 이야기가 아닌, 우리들의 이야기이기도 했습니다.

이 책은 결코 선교사들을 미화하거나, 또는 그들을 동정하고자 하는 뜻이 없습니다. 우리는 어쩌면 선교사들을 슈퍼 신자로 잔뜩 미화해 놓고, 그들의 진솔한 마음 이야기는 들으려고 하지도 않는지 모릅니다. 행여 그들의 입술에서 우리와 같은 평범한 삶의 애환들을 들을라

치면, 그들을 속물로 쉽게 판단하기가 일쑤입니다. 그렇기에 이 책은 그들의 그저 솔직한 이야기들을 모아서, 보다 선교를 밑바닥에서부터 제대로 이해하기 위한 책이라고 할 수 있습니다.

어쨌든 우리는 선교사들의 비밀스러운 세계에 깊이 들어가게 될 것입니다. 우리와 성정이 동일한 선교사들의 진솔한 이야기를 통해서 이제 우리는 무엇을 해야 할까요? 더욱 선교에 깊이 헌신하는 계기가 될까요? 아니면 선교에 대한 환상을 깨고, 선교로부터 등을 돌리게 될까요? 선택은 오직 독자의 몫입니다.

그럼에도 이 책은 선교를 향해서 새로운 헌신을 하게끔 하는 기폭제가 될 수도 있습니다. 우리가 믿는 주님은 선교의 주님이시기에, 주님의 오심이 얼마남지 않은 이때 우리의 관심을 선교로 향하기를 기대하시기 때문입니다. 아무쪼록 선교의 주님이 이 책을 축복하셔서 보다 많은 선교의 일꾼들, 선교의 협력자들, 미래의 선교사들을 일으켜 주시길 기도합니다.

옮긴이 이 종 수

추 천 사

선교는 지상 최대의 사명입니다.

그리스도인들은 선교를 가든지 선교사를 보내든지 하나를 선택하여야 합니다.

선교사로 가서 사역을 하는 것도 선교요, 나가있는 선교사를 위해 기도와 후원으로 동역하는 것도 선교입니다. 가는 선교사와 보내는 선교사들의 아름다운 연합과 동역으로 선교는 시작되었고, 지금도 진행되고 있으며 주님이 오실 때 까지 계속될 것입니다.

선교는 말로 하는 것이 아니고 행동으로 하는 것입니다. 선교는 사탄과의 치열한 영적 싸움 입니다. 선교는 거룩하고 영광스러운 사역이지만 영적 싸움터에서는 고난이 있고, 시련이 있고 눈물이 있습니다. 그리고 때로는 죽음도 각오해야 합니다.

"선교사가 결코 쓰지 않은 편지"는 선교사들이 사람들에게 말하지 않은, 아니 말할 수 없는 선교사역의 내면을 다양한 측면에서 기록한 글들을 엮은 책입니다. 독자는 이 글들을 읽으면서 선교사들이 겪는 여러 가지 어려움들과 사역의 고통들을 보게 될 것입니다.

그리고 선교사역의 최전선에서 수고하는 주님의 종들을 위해 기도하고 격려하고 후원하는 것이 얼마나 소중한 사역인가를 깊이 깨닫게 될 것입니다.

이 편지들은 선교사들의 화려한 사역보고서가 아닙니다. 성공한 영웅들의 과장된 이야기도 아닙니다. 선교사들의 아픈 사연들, 우리가 알 수 없었던, 그리고 이해할 수 없었던 내면의 이야기들입니다. 아픈 사연들을 정직하고 담담하게 털어 놓은 휴먼 스토리입니다. 그래서 이 편지들을 읽을 때 성도들은 공감이 되고 마음이 숙연해지고 눈물이 흐르게 될 것입니다.

저는 성도들이 선교사들이 쓸 수 없었던 편지들을 한 장씩 읽어가면서 선교사들이 겪는 여러 가지 어려움들을 자세히 알게 되고, 선교사들을 더 깊이 이해하며 기도하는 일에 큰 도움을 받게 될 것을 확신합니다. 또한 선교사들과 선교사를 지망하는 성도들에게는 실제적으로 큰 도움이 될 것입니다. 왜냐하면 이 편지들은 강의실에서 배우는 이론이 아니라 선교현장에서 일어나는 실제적인 상황이기 때문입니다. 그래서 이 책이 선교사와 목회자는 물론 선교사 후보생들과 다양한 분야의 사역자들, 그리고 모든 성도들에게 큰 교훈과 감동을 줄 것을 확신합니다.

원당교회와 열린문 선교후원회를 섬기고 있는
박 건 신

저자 서문

이 책은 실제로 쓰여진 적이 없는 편지들을 묶은 것입니다. 우리가 여행 중에 만나본 선교사들의 책상 위에 놓인 것을 보았거나 혹은 그들의 컴퓨터에 저장되어 있는 것을 받은 것도 아닙니다. 그래서 필자는 독자들도 이 편지들이 인쇄되어 나온 것을 본 일이 없을 줄로 확신합니다. 이러한 편지들이 인쇄되어 나온 일이 없는 여러 가지 이유 중 하나는, 선교사들은 이런 류의 편지를 결코 쓰지 않을 것이기 때문입니다. 본국에 있는 우리 그리스도인들은 선교사들이 좀 더 스릴 넘치는 이야기, 놀라운 회심 이야기, 엄청난 변화와 진통을 겪은 이야기, 상상을 초월하는 난국을 헤쳐나간 이야기, 경이로운 승리와 하나님의 특별한 섭리 이야기와 게다가 말로 표현할 수 없었던 그들의 내면 세계에 대한 이야기 등을 해줄 것을 잔뜩 기대하기 마련입니다.

여기에 수록된 편지들 대부분은 내용이 좀 긴데, 왜냐하면 선교사들의 마음 속에는 주님이 자신들에게 맡기신 일로 가득하기 때문입니다. 보통 사람들은 선교사들이 편지 쓰는 일 외에 무슨 할 일이 있을까 하고, 너무도 단순하게 생각하는 경향이 있습니다. 물론 편지 쓰는 일은 선교사들이 감당해야 하는 많은 일들 가운데 중요한 사항이기는 합니다. 어떤 선교사들은 편지 쓰는 일을 좋아하지만, 또 어떤 선교사들은 편지 쓰는 것을 매우 곤혹스럽게 생각합니다. 선교사들이 그처럼 편지를 짧게 쓰는 이유에는 우리의 책임도 있습니다. 선교사들은 종종 사람들에게 이런 말을 하곤 합니다. "내가 편지를 길게 쓰면, 성도들은 읽지 않을 거야." 그래서 우리는 선교지에서 현재 진행되고 있는 일에 대한 간략한 보고만을 받게 되는 것입니다.

독자들은 어쩌면 이 책에 수록된 편지들의 내용을 보고 선교사들을 비난하고픈 충동을 느낄 수도 있습니다. 왜냐하면 내용이 너무 길기도 하거니와 선교 현장에 자꾸 참여시키려는 듯이 보이고, 무언가를 요구하는 듯이 보이며, 또 너무 속마음을 드러내고 있는 것 같이 느껴질 것이기 때문입니다. 하지만 이 모든 편지들은 선교사들이 결코 쓴 일이 없는 편지들임을 유념하시기 바랍니다. 우리가 선교에 대해서 생각해온 모든 것들이 동결건조(凍結乾燥) 되는 것 같이 느껴진다면, 우리는 실제적인 선교 정보들 보다는 오히려 우리 입맛에 맞게 가공된 정보들만을 원하고 있는지 모릅니다.

"신임 선교사"라는 제목의 편지는 오랫동안 개인 자료 파일에 익명의 편지 섹션에서 보관되고 있었습니다. 누군가 오래 전에 제게 준 것이고, 저는 그것을 보관해온 것입니다. 누가 썼는지 모르기 때문에 익명의 편지란 말이 어울려 보입니다. 모든 저작들에는 저자의 이름이 있기 마련입니다. 하지만 자신의 이름이 드러나길 원하지 않는 경우, 이름을 밝히지 않는 것이 보통입니다. 아니면 자료를 여러 차례 복사하는 과정에서 이름이 누락되기도 합니다. 이 경우엔 의도적일수도 있고, 아니면 부주의해서 그럴 수 있는데, 그 결과로 "저자 미상"이 되는 것입니다. 저자가 누군지는 모르지만, 소유하고 있는 분에게 허가를 받은 경우도 있습니다. 혹 독자 가운데 자신의 글을 발견할 수도 있을 것입니다. 저는 제 자신의 삶과 경험에서 배운 내용들을 더하여 보다 실감나게 느껴지도록 각색을 했습니다. 그렇게 당신의 씨앗은 발아되어, 주의 백성들에게 유익을 주는 형태로 꽃을 피우고 있음을 유념해주시기 바랍니다.

이러한 편지들을 읽으면서 처할 수 있는 가장 큰 시험 가운데 하나는, 이 편지를 누가 썼으며, 어느 나라에서 일어난 일이며, 도대체 무슨 일이 일어난 것인지에 대해서 지독한 관심을 가지는 것입니다. 그렇다면 당신 자신과 또한 당신이 후원하고 있는 선교사를 위해서 한 말씀을 올릴까 합니다. 여기 이 책에 수록된 이야기들은 실제 이야기가 아니며, 다만 모두 지어낸 이야기일 뿐입니다. 이 책에서 볼 수 있는 여러 가지 상황들은 가공된 이야기입니다. 혹 당신이 이 책을 읽으면서 매우 현실감 있게 표현된 이야기를 통해서 어느 선교사에게 일어난 일인지를 집요하게 파헤칠 것을 우려하여, 사실은 미리 실제적인 인명 사용을 피하여 대부분 가명을 사용했습니다. 당신의 뇌가 상상력을 발휘해서 있지도 않은 일을 새롭게 창조하는 일은 오히려 선교사에 대한 불신감을 키울 것이며, 주님을 향한 그들의 섬김과 봉사를 허무는 일이 될 것입니다. 그것이 바로 선교사들이 이러한 편지를 쓰지 않은 이유인 것입니다. 우리가 보일 반응 때문에!

그들의 마음에 계속해서 일어나는 의혹은, 끝내 말할 수 없어서 마음 속에 묻어둔 내용들을 왜 "선교사가 결코 쓰지 않은 편지"라는 책으로 끄집어 냈을까 하는 것입니다. 그동안 우리가 알고 지낸 선교사가 그러한 편지를 보냈다고 생각하게 되면, 오랜 동안 자랑스럽게만 여기던 선교사에 대한 이미지가 훼손될 것이고, 그렇게 되는 것은 서로에게 무척이나 어려운 일이 될 것입니다. 누군가 이렇게 말했습니다. "우리는 선교사들을 영적 거인들로 느껴왔다." 여기서 영적 거인이라는 말은 거의 "슈퍼맨" 수준의 사람을 의미하고 있습니다. 그것은 실패나 패배를 모르는 사람을 일컫는 말입니다. 많은 선교사들의 경우, 그들은 자신의 실패에 대한 이야기나 혹 제 11장 "실패한 선교사"와 같은 영적 실패에 대한 보고서를 쓰는 것을 두려워하고 있습니다. 왜냐하면 "우리는 문제를 해결할 수 없었다."는 말을 함으로써 뒤에 무슨 일이 벌어질지 안심할 수 없기 때문입니다.

무엇보다 선교사들은 자신이 선교사로서 실패한 후, 하는 수 없이 본국으로 돌아오는 것을 가장 두려워합니다. "실패한 선교사"로서 그들 스스로를 자책하면서 겪게 되는 심리적인 고통 외에, 마치 우리가 그들에게 채무 불이행을 책망하는 듯한 반응을 보임으로써 고통에 고통을 더하는 일을 해서는 안됩니다. 선교의 실패는 꼭 그들의 허물 때문만이 아닙니다. 어쩌면 이 책에 수록된 편지들은 선교사들을 우리와 같은 동일한 감정과 문제들을 가지고 있는 보통 사람으로 볼 수 있도록 도울 것이며, 또한 그들의 추락이 가져오는 엄청난 손상에서 선교사 자신들과 그들을 지켜보는 우리들을 어느 정도는 받쳐주는 안전판 역할을 해줄 것입니다.

따라서 제가 이 책을 쓴 목적은 선교사들을 깎아뭉개거나 그들 혹은 그들의 사역을 평가절하하려는 것이 아닙니다. 우리는 선교사들을 섬기는 일에 우리 자신을 드려야지, 그들의 사역을 훼손하는 사람들이 되어서는 안됩니다. 저와 제 아내는 20여 개국에 파송된 선교사들을 만나보았으며, 그들에게서 이 책에 수록된 편지들에 나타난 여러 감정들을 친히 목격할 수 있었습니다. 분명 우리는 실제 인명(人名)과 국명(國名)을 사용하지 않았는데, 그 이유는 상황들이 어느 나라나 어느 지역에만 국한되어 있지 않았기 때문입니다. 개인들이 겪고 있는 문제나 상황들은 특정한 선교사만이 아니라 여러 선교사들에게서 흔히 볼 수 있었습니다. 놀랄만한 일은 그러한 모습들이 대부분의 선교사들에게 있었다는 것입니다. 만일 우리가 매주 교회에서 교제하고 있는 성도들에게서 이러한 감정들을 느낀다면, 우리는 그것을 대수롭지 않게 생각할 것입니다. 하지만 우리는 선교사들에게서만큼은 이러한 감정들을 느끼지 않기를 기대하고 있습니다. 왜냐하면 선교사들은 위대한 사람들이고, 세상의 많은 것들을 포기했고, 우리 대부분의 사람들이 생각하는 것 이상으로 어마어마한 것들을 희생한 사람들이기 때문입니다. 하지만 우리가 알아야 할 진실은, 선교사들도 매우 평범한 사람들이라는 것입니다. 필자가 이 편지들을 통해서 전달하고자 하는 것도 동일한 신앙인으로서 삶의 실제적인 측면입니다. 많은 선교사들에게 있어서, 낯선 타국에서의 삶은 매우 외롭고도 쓸쓸한 것입니다. 대부분 선교사들은 선교사역을 하면서 이러한 외로움을 겪게 될 것을 생각해본 적이 없거나 이것이 그들 앞에 놓인 현실이란 사실을 감당할 준비가 되어 있지 않았습니다.

저는 많은 선교사들에게 이 책을 읽어줄 것을 부탁했는데, 그들은 이 책을 읽고나서 선교사의 삶과 사역에 대한 새로운 관점을 가지게 된 점에 대해서 제게 감사를 표현했습니다. 그들은 "나는 결코 이런 편지를 쓸 수 없을 것 같습니다!"라고 말했고, "책으로 꼭 내주세요.

이것은 사실입니다."라고도 했습니다. 어떤 선교사는 문제의 핵심을 좀 더 자세히 볼 수 있도록 조언을 해주었습니다. 저는 이 책을 쓰면서, 우리가 좀 더 해외에서 주님을 섬기고 있는 분들에게 가까이 다가가기를 바라는 기도를 했습니다. 그렇습니다. 이제야 독자들은 주님을 위해서 자신을 헌신한 선교사들의 섬김과 봉사를 격려하는 편지를 쓸 수 있게 되었습니다. 그리고 정직하게 "나는 이제야 이해하게 되었습니다."라고 말할 수 있을 것입니다.

우리의 가장 큰 필요 가운데 하나는 "서로를 위해서 기도해주는 것"입니다. 만일 우리가 그 필요들을 알지 못할진대, 어떻게 다른 사람들을 위해서, 특히 지구 반대편에 살고 있으며, 전적으로 다른 문화 속에서 살면서 믿기 힘들 정도의 반대에 직면해 있는 사람을 위해서 실제적인 기도를 할 수 있을까요? 평범한 우리는 돈을 버는 일에 최선의 노력을 다하며, 여러 가지 봉착해 있는 문제에서 벗어나기를 바라고, 여러 어려움에서 보호를 받으며, 불의의 사고가 우리 삶 속에 일어나지 않기를 기도합니다. 선교사들을 위한 기도는 우리 자신을 위한 기도와 동일해야 합니다.

전 세계 선교지의 상황은 급변하고 있습니다. 우리가 사는 세상이 급속한 속도로 변하는 것과 같이 선교사들도 마찬가지로 변해야 합니다. 많은 선교사들은 이렇게 하는 것이 매우 어렵다는 것을 알고 있습니다. 우리도 마찬가지로 끊임없이 변화하는 세상 속에서 우리의 교회, 우리의 가정과 친구관계에서 이렇게 하는 것이 어렵다는 것을 잘 알고 있습니다. 어떤 선교사들은 변화하는 것을 조금도 원하지 않습니다. 다른 선교사들은 그저 변화의 기조만을 유지할 뿐입니다. 하지만 이렇게 하는 것은 충돌을 일으킬 수 있습니다. 이러한 충돌은 끊임없이 변화하는 과학 전문 기술로 무장한 세상을 복음화 하는 일을 더 어렵게 만들 수가 있습니다. 하지만 주님은 기쁜 소식을 전하는 일을 기계나 기술에 맡기지 않으시고, 사람들에게 맡기셨습니다. 이 책은 무엇보다도 사람에 대한 것입니다. 다양한 문제에 직면해 있는 사람들. 이것이 이 책의 주제입니다.

가장 위대한 주인을 섬기는,
프레드릭 L. 코신

추 천 사

저는 이 책의 저자인 프레드와 제니 코신 부부를 수년 동안 알고 지내 왔습니다. 저는 이 부부가 은혜 안에서 하나님과 동행하며 매우 실천적인 삶을 살아온 것을 잘 알고 있습니다. 이 책은 하나님을 향한 그들의 가장 큰 열망과 세상에서 하시는 하나님의 역사를 잘 보여주고 있습니다.

우리는 이러한 사역에 헌신할 보다 많은 사람들을 필요로 하고 있습니다. 저의 기도는, 이 책을 매장마다 읽어갈수록 사람들이 하나님의 위대한 세계 선교 사역에 더욱 참여하고, 게다가 선교사들과 더욱 가까워지는 것입니다.

혹 독자들 가운데서 이 책에 있는 어떤 내용을 이해할 수 없거나 동의하지 않는 부분이 있을지라도 염려하지 마십시오. 성령님께서 사도행전 13장에서 교회에 말씀하시고 바울과 바나바를 인도하셨던 것처럼, 당신의 마음 속에도 친히 말씀해주시고 인도해주실 것입니다.

조지 버워
Operation Mobilization의 창립자

헌 사

이 책을 하나님 앞과 사람 앞에서 정직히 행하는 모든 선교사들에게 헌정합니다.

    그러한 선교사들이야말로 앞서간 거장(巨匠) 선교사들의 참된 후손입니다.

선교사가 결코 쓰지 않은
편지

Letter 1
제 1장
선교사 후보생

친애하는 여러분,

  저는 선교학 고급 과정을 이제 막 마쳤습니다. 지난 3년간 선교학을 공부하게 된 것은 참으로 전율할만한 경험이었습니다. 제가 선교와 선교사에 대해서 배운 내용들은 너무 많아서 다 헤아리기가 어렵습니다. 이 광대한 지식을 통해 선교에 대한 보다 넓은 안목을 얻게 되었고, 우리가 사는 세상이 정말 복음을 필요로 하고 있다는 사실을 분명히 보게 되었습니다. 선교에 대해 배우면서 이토록 놀라운 것들을 깨우치리라고는 상상도 못했습니다. 그저 감사할 따름입니다!

  저는 이 연구를 통해서 무엇보다도 이 세계에 살고 있는 족속들에 대해서 더 많이 배웠다고 생각합니다. 타문화권 전도에 대한 공부는 저로 하여금 지금 당장 **10-40 창***에 속한 미전도 족속으로 가서 저의 삶을 나누는 일을 시작해야 하며, 그동안 배운 선교의 원리들을 적용해서 즉시로 싹을 내는 일을 시작해야 한다는 긴박성을 느끼게 해주었습니다. 선교사들이 처하게 되는 문제들에 대한 사례 연구를 해보니, 대부분 선교 사역 전반에 있어서 해결책이 뻔히 보이는 아주 초보적인 것들이었습니다. 조금만 선교 전략을 연구해서 적용해보면, 선교사들이 직면하고 있는 어려움들은 쉽게 해결되리라고 봅니다.

저는 전 세계에서 온 많은 선교사들을 만났습니다. 제가 만났던 사람들 가운데 가장 멋진 사람들은 다름 아닌 선교사들이었습니다. 그들은 전 세계 사람들의 필요를 볼 수 있는 안목이 있었고, 여러 지역에서 일단 행동부터 하는 사람이 되도록 도전했습니다. 저는 그러한 적극적인 방식으로 우리가 사는 세상에 영향을 미치기를 바라고 있습니다.

다른 선교사들과 함께 지내는 일은 선교지에서 가장 큰 문제 가운데 하나입니다. 따라서 인간관계론을 배운 일은 선교지에서 실제적인 도움을 줄 것으로 기대하고 있습니다. 그 공부는 서로 다른 모든 인격적인 특징들을 분석하는데 참으로 유용할 것이며, 함께 일할 다양한 사람들에게 사역을 할당해주기 전에, 무엇을 심사숙고해야 하는지 알려줄 수 있을 것입니다. 선교사들이 조화롭게 함께 일하지 못하는 모습은 세상 사람들에게 좋지 못한 비난거리임에 틀림이 없습니다.

심리학 공부도 참으로 도움이 되었습니다. 저는 선교에 대한 헌

---

* 역자주: 위도 10°-40°에 걸쳐 있는 미전도 국가들, 주로 이슬람권임.

신에 있어서 상담이 커다란 부분을 차지하게 될 것이라는 사실을 알 수 있었습니다. 우리가 만일 개인 사업장에서 실시하고 있는 연구들의 몇몇 장점들을 도입하기만 한다면, 많은 문제들이 해결될 수 있다고 확신합니다. 선교사 공동체의 문제들에 대해 사회학적 원리들을 적용한다면, 사역의 효율성이 증진되고 각 개인들이 크게 고무되어서, 이로써 지상명령(至上命令-마 28:19,20)을 성취하는 시간을 단축시킬 수 있다고 생각합니다. 아멘!

복음서를 연구해보면 우리는 다양한 문화에 맞게 복음을 제시하는 방법에 대해서 많이 배울 수 있습니다. 다른 그룹의 사람들이 쉽게 수용할 수 있는 메시지를 준비해서 거절하는 사람들의 비율을 확연하게 줄일 수 있는 방법은 참으로 교훈적입니다. 과거의 전도 전략들을 분석해본 결과, 그 많은 자료들은 사람들이 복음을 거절하는 이유들을 확실히 보여주고 있었습니다. 외판원이 집집마다 다니면서 물건을 파는 것과 마찬가지로, 종종 그 내용물보다 겉포장이 훨씬 더 중요하다는 것을 배울 수 있었습니다. 복음 메시지를 매력적으로 보이도록 해야 하며, 다른 인종과 다른 종교의 다양한 그룹의 사람들도 복음을 잘 받아들이도록 하기 위해서는 세련된 복음 제시법과 어법이 상당히 중요합니다. 저는 이처럼 단순한 지침에 귀를 기울임으로써, 선교가 얼마나 괄목할만한 성공을 거둘 수 있었는지 간증할 수 있는 날이 오기를 손꼽아 기다리고 있습니다. 제가 만일 이 부분에 도움을 줄 수만 있다면, 그것은 곧 세계 선교를 위한 엄청난 공헌이 될 것이 분명합니다.

목표 설정은 제 삶을 혁명적으로 변화시켰습니다. 저는 너무도 훈련이 되지 못한 상태에서 대학에 갔는데, 신입생들을 위한 시간과 능력의 효율적인 사용이라는 제목의 자가진단에서 행동 패턴을 분석해 보았을 때, 이 부분에서 실패하고 있다고 느꼈습니다. 다만 성취 가능한 목표를 정하고, 이러한 목표를 성취하기 위해 미리 준비해서 행동하는 사람이 됨으로써, 짧은 시간에 많은 일을 해낼 수 있다는 사실을 충분히 깨닫도록 해준 교수님과 학교 직원들에게 진심으로 감사할 따름입니다. 선교 준비를 시작하면서, 선교가 그다지 성과가 없는 이유들 가운데 하나가, 매일, 매주, 또 매 분기마다 해야 할 일정한 일들을 소홀히 했기 때문이라는 것을 명확히 볼 수 있었습니다. 많은 선교사들의 경우에 과거를 돌아보며 어느 특정한 시기에 무슨 일을 성취했는지 분명히 말하지 못하는 경우가 왕왕 있었습니다. 저는 우리가 정말 목표하고 있는 바를 정립하는 데에 있어서 그들을 도움으로써, 사역의 많은 부분의 능률을 높이는데 도울 수 있다고 확신합니다. 이와 같은 목표 설정은 제가 다른 사람들을 돕기를 원하는 만큼 제 자신에게도 도움이 되는 일이었습니다.

세계 복음화 전략을 살펴보면 우리가 지난 2,000년 동안 똑같은 사람들에게 얼마나 많은 선교사들을 보냈는지를 확인할 수 있었는데, 이것은 저를 무척이나 놀라게 했습니다. 지난 세기 동안 복음을 들었던 대부분의 사람들이 오늘날에도 복음을 듣고 있습니다. 복음을 한 번도 들어보지 못한 미전도 종족들이 아직도 많은데, 복음을 이미 들은 사람들에게 반복해서 선교사들을 보내는 일은 정당하지 못합니다. 우리는 가능한 속히 모든 사람들이 예수님에 대해 듣기를 원하며, 또한 이를 통해서 그리스도의 재림을 앞당기기를 바라고 있습니다. 우리는 우리 시대의 모든 사람들에게 복음 메시지를 전달하는 데에 필요한 모든 과학기술적 도구를 충분히 가지고 있다고 봅니다. 이 모든 도구들을 당장 사용해서라도 세계 복음화를 이루어내야 합니다.

세계 선교의 가장 큰 방해거리 가운데 하나는 기독교 기관들의 난립때문입니다. 똑같은 사역을 하고 있는 선교기관들이 너무 많고, 그러한 난립으로 인해서 돈과 인력이 낭비되고 있습니다. 따라서 모든 선교 단체들은 협력해서 일하고자 하는 새로운 노력이 있어야 하며, 선교 전략이나 전하는 메시지에서 오는 차이점들에 대해서는 관용할 필요가 있습니다. 비교 종교학을 통해 서로 다른 사람들이 실제로 가까워지는 법을 배울 수 있었는데, 우리가 서로 다른 차이점에 대해 집착하지 않고, 오히려 같은 점을 찾아서 하나로 연합되는 길을 찾아 거기에 집중한다면, 조화를 이루는 일은 매우 쉬워지게 될 것입니다. 저는 하나님 나라를 위하여 제 자신이 많은 선교 기관들을 화평케 하는 자(peace maker)가 될 수 있기를 바라고 있습니다.

〈전도 폭발〉 또는 〈능력 전도〉 과정은 가히 환상적이었습니다. 우리 세대에, 복음을 가지고 세상에 나아가는 일을 위한 이 믿겨지지 않는 환상적인 도구의 의미를 충분히 생각하지 않고 어떻게 선교지에 나갈 수 있을까요! 저는 참으로 주님께서 사도행전에서 사도들을 통해 역사하셨던 것처럼 저를 통해 강력한 기적을 행하시길 간절히 바라고 있습니다. 제 마음은 뜨거운 열정이 북받쳐 오르는 것을 감당해낼 길이 없음을 고백드립니다. 아멘!

참으로 흥미로운 것 가운데 하나이자, 또한 학교에서 많은 논쟁거리가 되었던 것을 말씀드리자면, "선교 패러다임의 변화"였습니다. 저는 지금까지 선교지에서 40년간 있었던 분과 이제 막 선교지로 출발하는 선교사 간의 방법적인 차이점에 대해 생각해보았습니다. 그것은 바울이 선교를 처음 시작한 이래로 우리가 얼마나 비효율적인 선교를 해오고 있는지를 보여주는 좋은 교육이 되었습니다. 사도행전 연구는 선교에 대한 저의 생각과 개념을 바꾸어놓았으며, 초대 교회가 빠졌던 많은 구덩이들을 보여주었습니다. 민족주의가 그처럼 강하던 초대 교회 시절의 식민지적 선교방법을 오늘날까지 고수한다는 것은 상상할 수도 없는 일입니다. 확실히 가장 현명한 일은 지난 수년간 선교학 강의실에서 충분히 연구하고 입증한 사역과 방법들만을 선교지에서 사용하는 것입니다. 우리는 사도행전 시대와는 전혀 다른 문제들을 안고 있으며, 따라서 그 문제에 대해 전혀 다른 해법들이 필요한 그런 시대에 살고 있기 때문입니다. 만일 우리가 여전히 사도행전의 고루한 방법들을 고수하며 변화를 시도하지 않는다면, 우리는 하나님 나라를 위해서 아무 것도 성취하는 일 없이 헛되이 수고만 하게 될 것입니다.

"선교회를 선택하는 법"이란 과정을 통해서, 저는 선교지로 떠나기 전 마지막 준비과정에서 마침내 장애물을 넘었다는 확신을 얻었습니다. 복음을 가장 절실히 필요로 하는 나라에 입국하는데 직업, 또는 사업이 얼마나 중요한지도 배울 수 있었습니다. 그저 선교사만 되어서는 주님을 섬기는데 필요한 모든 요건을 갖추지 못한 것으로 여겨집니다. 우리는 복잡하고 다양화된 세상에 살고 있고, 선교사들에 대한 요구들은 더욱 강화되고 있기 때문에, 전에는 생각지도 못했던 더 높은 교육 수준과 마케팅 능력도 갖출 필요가 있습니다. 이런 일에 저를 훈련해주신 주님께 감사를 드립니다.

컴퓨터와 인터넷을 통해서 방대한 자료를 사용하는 법에 대한 강의는 생각 이상으로 저의 지평을 넓혀주었습니다. 단지 클릭*만으로 문제를 해결할 수 있는 도구가 어디 있을까요? 우리는 클릭이나 엔터키 하나로 타문화권 사역에 있어서 많은 문제점들을 해결할 수가 있습니다. 강의실에서는 제 손가락 끝을 톡톡 두드리면서 모든 정보를 얻을 수 있는 충분한 시간을 갖지 못했습니다. 일단 선교지에 가서, 성경 공부반에서 나온 질문들에 대한 대답을 얻기 위해서 인터넷을 검색할 날을 손꼽아 기다리고 있습니다. 또한 컴퓨터 가격이 많이 내렸기 때문에, 선교사들은 반드시, 적어도 경건의 시간에만 사용한다 하더라도, 컴퓨터나 노트북 하나쯤은 가지고 있어야 합니다. 저는 경건의 시간에 컴퓨터를 사용하게 되면 많은 시간을 절약할 수 있다는 것을 발견했습니다. 게다가 이메일을 통한 기도 파트너와의 기도 제목 나눔은, 실시간으로 기도할 수 있게끔 해줄 것입니다. 참으로 놀라운 일 아닙니까! 오늘날은 선교사로 주님을 섬기는데 참으로 좋은 시대입니다!

저는 지난 3년 동안 선교지에서 주님을 섬기도록 저를 준비시켰던 과정에 대한 이러한 요약이 많은 분들에게 도움이 되기를 소망합니다. 얼른 선교사로 나가 주님을 섬기고 싶은 저의 뜨거운 마음을 충분히 느끼셨으리라고 생각합니다. 저는 가능한 빨리 이 과정을 마치고 선교사로 나갈 수 있기를 바랄 뿐입니다. 그래서 7년 전에 제가 대학에 입학할 때, 하나님이 저를 부르신 소명을 잘 감당할 수 있기를 바랍니다. 준비하는 시간은 길었지만, 저는 이제 선

---

* 역자주: 컴퓨터를 사용하는 데 필요한 마우스의 버튼을 한 번 누르는 행위.

교지에 갈 준비가 충분히 되었다고 생각합니다. 제가 첫 번째로 전도하게 될 사람이 누구인지 궁금해서 도저히 견딜 수가 없을 정도입니다.

감사합니다.

[편집자의 설명]

이 서신을 읽은 사람들이 나타내는 반응은 상당히 대조적이었습니다. 한 부류의 사람들은, 이 편지를 쓴 사람이 대단히 합리적이며, 모든 문제들에 대해 적절히 대응할 줄 아는 사람으로 생각되기 때문에, 가능한 빨리 그를 선교지에 가도록 격려해야 된다고 했습니다.

다른 한 부류의 사람들은, 편지를 쓴 사람은 현실과 동떨어진 몽환적인 생각을 하며, 자신을 "선교사들에게 주신 하나님의 선물" 쯤으로 느끼고 있는 사람이라고 판단했습니다.

대부분의 선교사들은, 이 사람이 자신의 생각대로 선교지에서 일어나는 모든 문제에 대한 해답을 가지고 있는 사람이라고 전혀 생각하지 않았습니다. 많은 사람들이 이 사람은 선교지에 가기 전에 영적으로 조금이라도 성숙하기 위해 상당한 시간을 가져야 한다고 느꼈습니다. 이 사람은 자만으로 가득하고, 자신을 선교학 학위를 가진 자격있는 사람으로 여기고 있습니다.

하지만 선교지에서 정말 필요로 하지 않은 몇몇 사람 가운데 하나는, 수년 동안 강의실에만 앉아 있음으로, 선교지에서 일어나는 모든 문제와 해결방법에 대해 단 하나도 알지 못하는 그런 사람입니다.

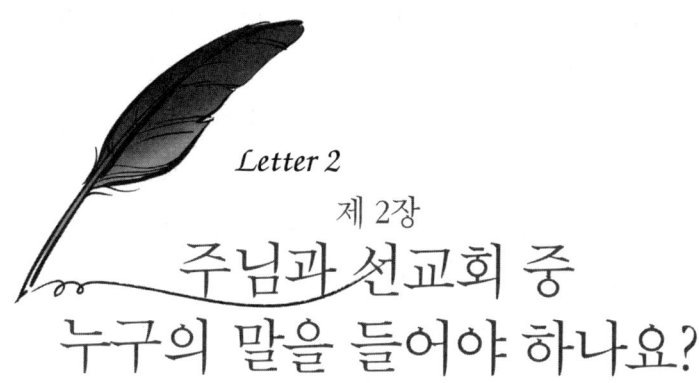

Letter 2

제 2장
주님과 선교회 중 누구의 말을 들어야 하나요?

친애하는 밥과 수에게

우리는 선교지에 가게 될 일을 생각하며 무척 흥분하고 있습니다. 지금은 선교지에 가서 주님이 우리 마음에 주신 놀라운 사역을 시작하는데 필요한 후원자들을 모으는 일에 주력하고 있습니다. 선교지의 필요가 오랫동안 우리 마음 가운데 있었고, 마침내 우리가 선교사로 가는 것이 하나님의 뜻이라는 결론을 내리게 되었습니다. 지난 몇 달 동안 그와 같은 사실을 증거해주는 수많은 일들이 일어났는데, 주님이 그분의 사역을 위해 우리를 부르신 것을 어찌 의심할 수가 있단 말입니까?

우리는 여러 교회에서 우리의 부르심에 대한 간증을 해왔고, 많은 친구들을 방문하였지만, 여전히 만족할만한 후원을 받아내지는 못하고 있습니다. 제가 속해 있는 선교회는 아마도 우리가 결국에는 선교지에 갈 수 없을지도 모른다고 생각하는 것 같습니다. 주님이 우리를 위해 지난 몇 달 동안 보여주신 증거들과, 후원 수준이 너무 낮기 때문에 선교지에 가는 것을 포기해야 한다고 말하는 선교회 사이에, 어떻게 이같이 큰 차이가 있을 수 있는 건가요? 최고의 영적 수준에 있던 우리는 요즘 너무 마음이 상해서 극심한 낙심과 낙담으로 의기소침한 상태로 떨어지고 말았습니다. 우리를 부르신 주님의 말씀과 아니면 후원자들을 좀 더 모아보라는 선교회의 말 중, 우리는 과연 누구의 말을 들어야 하는 건가요? 이것이 바로 날마다 우리를 따라다니는 여러 질문들 가운데 하나입니다.

우리는 이러한 방법으로 선교지에 가는 것에 대해 몇 가지 진지한 질문들을 해보았습니다. 선교지로 떠나기 전에 후원자들을 더 모아서, 일정한 후원금을 확보하라는 선교회의 결정에 의문을 제기하는 것은 금기시 된 듯합니다. 하지만 도대체 신약성경 어디에 후원자들을 더 모으라는 이러한 생각이 있는 겁니까? 우리는 구원에 관한 진리, 제자훈련과 양육에 관한 지침, 결혼의 원칙, 자녀 양육 방법, 그리고 그리스도인으로 이 세상을 사는 법에 대해 알기 위해서 성경을 상고합니다. 그런데 주님의 사역이 어떻게 지원되어야 하는가에 대해서는 왜 성경을 상고해보지 않는 것일까요? 빌립보서 4장 19절이 의미하는 바가, 바로 우리와 같이 주님을 선교지에서 섬기기를 원하는 사람들에게 해당되는 것이 아닐까요? 지난 175년 동안 교회를 인도해온 선교의 원칙들은 이제 더 이상 소용이 없어진 건가요? 조지 뮬러, 허드슨 테일러, 그리고 프레드 아르놋과 같이, 후원금을 모으는 일이나 선교회에서 후원 수준을 정하는 일 없이도 믿음만을 가지고 선교지에 나간 선교사들에게 주님은 그 모든 필요를 공급해주셨습니다. 그런데 오늘날에는 주님이 더 이상 그러한 일을 우리에게 해주실 수 없게 된 것일까요? 현대를 사는 우리는 혹 우리의 모든 필요를 공급해주시는 기적과 같은 주님의 역사는 외면한 채 주님과 성령님을 지나치게 제한해 온 것은 아닐까요? 매우 다양하고 많은 요인들로 인해 매달, 혹은 매년 변하기 일쑤인 우리의 필요가 과연 무엇인지 누가 다 말할 수 있을런지요? 후원자들을 모으는 일은 우리의 필요를 위해 하나님보다는 사람을 더 바라보도록 하는 것 아닙니까? 선교의 모든 영역에 있어서도 성경이 문제 해결의 열쇠가 되어야 하지 않나요?

솔직히 우리는 매우 혼란스럽습니다! 이런 편지를 드리는 것이 매우 유감스럽습니다만, 누가 과연 우리를 이해해주고 또 누구와 솔직하게 대화를 나눌 수 있을까요? 저는 당신이 이러한 여러 가지 질문들 때문에 우리를 영적이지 못한 사람으로 생각하지 않기를 바랄 따름입니다. 우리는 기도를 해오고 있지만, 아직 응답은 받지 못한 것 같습니다. 우리는 선교회의 말을 잘 따르고 있지만, 선교회는 우리의 말을 잘 경청하고 있는 것 같지 않습니다. 그냥 주저앉아 울음을 터트리는 때도 있답니다!

여러 교회와 선교회 임원들의 모임에서 간증하는 중에 이러한 여러 문제들 때문에 많은 어려움이 있는 것이 사실입니다. 무엇보다도, 제가 출석하지도 않는 교회의 선교회에서 매달 $50 내지 $75의 후원금에 대한 약속을 받아내는 일은, 마치 저 자신이 구걸하는 거지와 같다는 느낌이 들어 매우 비참한 심정을 느끼게 합니다. 이러한 일은 결국 마치 세일즈맨처럼 우리가 소망하는 것을 잘 표현해내는 우리의 능력에 귀결되는 것 같습니다. 대부분 교회의 선교부서는 그들의 능력 이상으로 더 많은 선교사들을 후원하고자 하는 경향이 있습니다. 그런데도 결국 우리가 원하는 것은 우리 이름이 그들의 후원 선교사 명단에 올라가는 것이네요!

우리는 아직 선교지에 가보지 못했지만, 우리가 과연 그곳에 갈 수 있을지 의문입니다. 이러한 의문들 때문에 우리는 선교사로 섬기는데 필요한 자격이 없거나 합당하지 못한 건가요? 아니면 선교지로 나가는 시스템상에 무언가 문제가 있는 건가요? 주님은 우리를 부르셨고, 우리는 주님이 우리가 선교지에 가기를 원하신다고 확신하고 있습니다. 그러나 말하자면, 이미 다른 많은 선교사들에게 후원하고 있는 사람들로부터 후원금을 더 받아내지 못하는 우리의 무능력 때문에 우리는 옴짝달싹 못하고 있는 것입니다.

이 서신을 쓰는 것은 당신에게 후원금을 요청하기 위한 것이 결코 아닙니다. 다만 선교지로 가는 전반적인 시스템에 대해 우리가 질문하고 있는 많은 것들에 대해 조언을 부탁드리기 위함입니다. 우리는 당신의 조언을 매우 귀하게 여기며, 당신의 생각을 알려주시면 감사하게 받도록 하겠습니다. 우리가 선교회를 바꾸어야 한다고 생각하시는지요? 아니면 어찌되었든 주님이 우리를 부르셨기에 주님이 우리의 모든 필요를 채우실 것을 믿는 믿음으로 그냥 선교지로 나가야 하나요? 주께 순종하기를 꺼려하는 사람들이 과연 우리가 나갔을 때 우리의 필요들을 공급할까요? 물론 교회 안에 우리의 필요를 공급해줄 만한 사람들이 있습니다. 그러나 신실한 후원 약속에 있어서는 서명하기를 꺼려합니다. 지금 우리가 이와 같이 느끼고 있는 것은 우리의 잘못인가요, 아니면 교회의 잘못인가요? 주님이 우리를 부르신 부르심을 포기하고 다시 예전의 직업으로 돌아가야 할 것을 진지하게 고려해야 하는 것인가요? 주께서 우리를 부르시지 않았으며, 주님이 우리에게 원하시는 바를 우리가 잘못 해석한 것이라고 생각해야 하나요? 우리가 선교지에 가지 않겠다고 말한다면, 이제껏 우리로부터 선교에 대해 이야기를 들었던 많은 청년 그리스도인들에게 심각한 해가 될 것입니다. 만약 이제껏 우리가 말하고 행했던 것이 무엇이든 간에 이제 선교지로 가지 않겠노라고 결정한다면 우리 자신은 큰 좌절과 실패를 맛보게 될 것입니다. 당신이 보시는 대로 우리는 지금 매우 혼란스러운 상태에 있습니다. 과연 무슨 일이 일어날지 막막하기만 합니다.

성경에는 세상이 복음을 들을 필요가 있고, 따라서 주님께 "추수할 일군들을 보내어 주소서"라고 기도해야 한다는 것이 너무도 명백히 나타나 있습니다. 우리는 그와 같은 기도를 드려왔습니다. 우리는 선교지에 갈 준비가 되었습니다. 다만 이 명백한 요청과 우리의 소원 사이에 끊어져 있는 줄을 연결할 수 있는 유일한 끈은 재정적인 지원입니다. 우리로 선교지에 가지 못하도록 주님이 막으시는 이유로 이 상황을 받아들여야 하는 건가요?

당신의 우정에 감사를 드립니다. 우리는 참으로 진실되이 우리의 감정을 솔직하게 털어놓을 수 있는 친구들이 몇 명되지 않는다는 것을 알았습니다. 선교사들은, 지금 우리가 직면한 문제와 같은 조그마한 의문이나 회의도 없는 "슈퍼 성도"로 여겨지는 것 같습니다. 우리는 주님에 대한 의심은 조금도 없지만, 선교회나 선교위원회, 교회나 일반적인 그리스도인들에 대해 아무런 의문을 품지 않는다는 것이 대단히 어려운 일이라는 것을 배우고 있습니다. 선교지에는 지금 엄청난 필요가 있음에도 불구하고, 돈 때문에 선교지에 보낼 수 없으니 집에 가만히 있으라는 것은 엄청난 모순처럼 보입니다.

　우리가 현재 겪고 있는 마음의 고통을 나눌 수 있도록 해주신 것에 대해 다시 한 번 감사의 말씀을 드립니다. 당신의 답장을 소망 중에 기다리며 편지를 줄입니다.

　추신: 생각해보니, 편지에는 우리를 위해 기도해달라고 부탁을 드리지 않은 것 같습니다. 그러나 이전보다 지금 더욱 당신의 기도가 필요하다는 것을 아시기 바랍니다. 감사합니다!

Letter 3
제 3장
단기 선교 여행

사랑하는 친구들에게,

  저는 제 생애 가운데 최고로 멋진 경험을 하고 이제 막 돌아왔습니다. 단기 선교 경험은, 제 생애 중 그토록 신선한 통찰력을 갈구해 온 바로 그것이었습니다. 선교는 이제 제가 학업을 계속하고, 장래를 설계하는 일에 있어서 특별한 선택사항이 되었습니다. 저로 하여금 이러한 경험을 하도록 해주시고, 단기 선교 여행을 성공적으로 마칠 수 있도록 도와주신 분들께 감사를 드리고 싶습니다. 지난 6주간의 남아메리카 단기선교 여행에 지원했을 때, 사실 저는 아무런 기대도 하지 않았습니다. 하지만 단기선교여행을 통해 새로 배우게 된 것은 너무도 놀라운 것이어서, 우리가 함께 했던 경험들을 나누고 싶습니다.

  첫 주는 단기 선교 여행을 위한 오리엔테이션과 함께 할 팀원들을 서로 사귀는 시간으로 보냈습니다. 다른 여러 나라에서 온 그토록 많은 젊은이들을 알아가는 일은 정말 흥겨운 일이었습니다. 우리는 또한 오랫동안 선교지에서 섬겼던 선교사들도 만났습니다. 어떤 분들은 우리에게 성경 연구가 얼마나 재미있는 것인지를 알려주었고, 또한 매일의 삶 속에서 성경을 어떻게 사용해야 하는지를 보여주었습니다. 가장 좋았던 시간은 남아메리카 문화를 소개하는 시간이었는데, 그 나라는 특별히 우리가 방문하고자 하는 나라였습니다. 우리는 그 나라에 살면서 섬기고 있는 선교사들을 돕는 일을 준비해야 한다고 느꼈습니다. 저는 또한 제 생애에서 중요한 부분을 차지하게 된 베키를 알게 되었습니다. 베키와 저는 동갑내기로, 모두 17살입니다.

단기선교 여행을 위한 신청서를 제출할 때, 저는 사실 확신이 없었습니다. 그러나 많은 사람들이 함께 갈 것이기 때문에, 무척 재미있을 거라는 생각이 들었습니다. 저는 외국에 나가본 일이 없었기 때문에, 사진도 찍고 여권도 만들어야 했습니다. 우리 나라를 떠나 다른 나라에 간다는 생각만 해도 마음은 스릴감으로 가득했습니다. 그에 대한 생각만으로도 경이로움을 느낄 수 있었습니다. 부모님들은 제게 새 옷을 사주셨고, 필요할지도 모를 여러 가지 도구들이 들어있는 도구상자도 사주셨습니다. 이 여행을 위해 새로운 성경도 샀습니다. 몇몇 성도님들은 이번 여행을 위한 경비에 보태라며 돈도 주셨습니다.

이번 여행의 목적 가운데 하나는 선교지의 필요를 알아보는 것이었습니다. 그 외에도 선교현장을 개인적으로 체험해보는 일도 있었습니다. 세 번째는 우리 자신이 진짜 선교사를 만나서 사귀는 일이었습니다. 우리가 과연 이러한 방문을, 2년 또는 그 이상도 감당할만한지를 시험해보는 일도 포함되어 있었습니다. 이번 여행의 인도자 또한 선교지에서 직접 경험해본 일들이 앞으로 평생 직업으로서 선교사를 고려하게 되는데 도움이 되기를 바라셨습니다.

　이번이 처음으로 비행기를 타본 것입니다. 와우! 참으로 놀라운 경험이 아닐 수 없었습니다. 선교사가 되어 그토록 먼 나라를 그토록 빨리 날아서 여행한다는 것은 정말 굉장한 일입니다! 이미 병이 든 사람들도 있습니다. 바로 제 옆에 앉은 남자 아이가 토했습니다. 냄새가 참 역했습니다. 작은 봉투를 미리 준비하지 않은 것 같았습니다. 그 아이는 오리엔테이션 때는 늠름한 소년이었는데, 비행기에서는 영 아니었습니다. 또 다시 비행기를 타게 된다면 그는 선교사가 되지 않을 거라고 말했습니다. 기내 음식은 굉장히 좋았고, 스튜어디스의 서비스를 받는 일은 참으로 즐거웠습니다. 스튜어디스들은 정말 예뻤습니다.

　지난 6주간을 돌이켜보면서 정직히 말할 수 있는 것은, 제 생애 그와 같은 일은 두 번 다시 없을 것 같다는 것입니다. 참으로 심오한 일들이 이번 기간을 통해 여러 차례 일어났습니다. 그 나라에 도착해서 보게 된 그 나라 사람들이 겪는 가난은 결코 잊을 수가 없을 것입니다. 사람이 그처럼 열악한 상황 속에서 산다는 것을 한 번도 생각해본 적이 없었습니다. 이러한 경험을 통해 저는 저의 집, 저의 방, 또 저로 하여금 현재의 삶을 누리게 해준 아버지의 직업 등에 대해서 더욱 더 감사하게 되었습니다. 우리가 먹는 음식은 다 좋은 것이지만 거리의 사람들은, 제가 보기에는 음식 찌꺼기 같은 것들을 먹고 살아갑니다. 엄마가 제게 차려준 음식들에 대해서 저는 정말로 감사를 했어야만 했다는 생각이 들었습니다. 선교사들이 얼마나 단출하게 사는지를 제 눈으로 직접 본 일 역시 제게는 정말로 큰 발견이었습니다. 저는 해외에 나간 선교사들은 참으로 거룩하고 영적으로 엄청난 거인들이기 때문에, 우리와 같은 사람들과는 감히 접촉도 할 수 없는 존재들로만 생각했습니다. 하지만 이곳 주민들이 살 집을 지어주는 건축 프로젝트에 선교사들이 우리와 함께 하며, 바로 옆에서 함께 일했던 경험은 참으로 놀라운 것이었습니다. 그 일은 너무도 멋진 일이었습니다. 선교사들은 저녁에 우리와 함께 게임도 했는데, 선교사와 게임을 같이 하다니, 정말이지 너무도 놀라운 경험이었습니다.

저에게 깊은 인상을 준 또 다른 일은 그 나라의 여러 지역에서 온 아이들과 함께 지내는 기회를 얻은 것이었습니다. 다양한 교회에서 온 서로 다른 사람들과 서로 알게 되고, 교회와 인도자들의 역할과 청소년 그룹 활동 등과 성경의 다양한 구절들의 의미에 대해 오랜 시간 토론도 하였는데, 대단히 즐거웠습니다. 저는 이곳에 온 몇몇 아이들로 인해서 충격을 받았는데, 그들이 어떻게 이곳에 오게 되었을까를 생각하지 않을 수 없었습니다. 그들은 평범한 삶과는 거리가 먼 것처럼 보였습니다. 한 아이는 말하기를 지금까지 한 번도 극장에 가본 일이 없다고 했으며, 또한 참된 그리스도인은 극장에 갈 리가 없다고 생각한다는 말을 했습니다. 우리가 지금까지 본 영화들 가운데 최고의 영화에 대해서 이야기할 때, 그 말을 들으니 참으로 우스운 생각이 들었습니다. 우리 팀에는 참으로 예쁘게 생긴 소녀들이 많이 있었습니다. 그냥 선교에 관심을 가진 "평범한 소녀들"이 아니어서 참 좋았습니다.

저는 건축 프로젝트에서 여러 나라 국적을 가진 사람들이 함께 일하는 모습을 보며, 참으로 도전이 된다는 생각을 했습니다. 스페인어 몇 마디를 배우는 일과 또 건물을 짓는 일을 함께 하면서 배운 말로 말을 걸어보는 일은 참으로 재미있었습니다. 저는 그들을 돕기 위해선 더 많은 선교사들이 필요하다는 것을 제대로 볼 수 있었습니다. 그 당시 저는 다시 이곳에 돌아와서 내가 할 수 있는 일이 무엇이 있을까를 생각해보았습니다.

선교사들이 한 일은 너무도 놀라운 일이었습니다. 선교사들이 우리 교회에 와서 간증을 나눌 때, 저는 선교사들에게 전혀 관심이 없었습니다. 저는 선교지 사진들을 보며 재미있다는 생각만 했지, 선교사들이 선교지에서 하고 있는 일에 대해 말할 때 전혀 관심을 두지 않았었습니다. 직접 이곳에 와서 경험한 현장 체험을 통해 선교사들이 우리나라 사람들이 하고 있는 수많은 일을 하고 있다는 것을 알게 되었습니다. 저는 많은 선교사들이 의사, 간호사, 교사, 농부라는 직업을 가지고서도, 아울러 수많은 설교와 복음 전도를 병행하고 있다는 사실을 보았습니다. 오리엔테이션 기간 동안 우리는 다른 사람들에게 어떻게 복음을 전해야 하는지를 배웠는데 그것은 제게 있어서 참으로 놀라운 일이었다고 생각됩니다. 제가 8살 때 그리스도인이 된 이후로, 저는 그런 일(복음을 전하는 일)을 직접 해보리라고는 꿈도 꾸지 않았기 때문입니다.

귀국했을 때, 지난 6주간 우리를 인도해준 인도자들과 대화를 나누며, 우리가 경험한 바들을 나누는 큰 집회를 가졌습니다. 몇 명의 아이들이 자신은 선교사로 헌신하고자 마음먹었으며, 선교사가 되기 위해 자신의 전 생애를 개선하겠다는 이야기를 했을 때, 저는 무척 놀랐습니다. 몇 명은 자신들이 어떻게 선교를 위해 기도했으며, 또한 선교를 위해 많은 돈을 드릴 수 있었는지에 대한 매우 특별한 간증을 했습니다. 그 일은 참으로 놀라웠습니다. 몇 명은 그리 좋은 시간을 보낸 것 같지 않았습니다. 왜냐하면 규칙이 매우 엄격했기 때문에, 밤늦게까지 놀 수 없었고, 특히 여자 아이들과 많은 시간을 보낼 수 없었기 때문이었습니다. 저는 교회에서 애찬 시간 외에도 베키를 더 자주 볼 수 있을 거라고 확신하고 있습니다.

제게 있어서 이번 여행은 많은 것들을 일깨워주는 계기가 되었습니다. 특히 제가 미국의 크리스천 가정에서 살고 있는 것 등 그 외에 여러 가지 일들에게 대해 감사할 것이 많다는 것을 알게 되었습니다.

우리는 이번 단기선교 여행을 하도록 우리를 도와주시고, 우리를 위해서 기도해주신 모든 분들에게 편지를 쓰라는 요청을 받았습니다. 그래서 저를 도와주신 당신께 감사의 편지를 쓰게 된 것입니다. 제게 베푸신 당신의 도움이 결코 헛되지 않았다고 생각하시기를 바랍니다. 저는 남아메리카의 필요를 보고 왔기 때문에 사람들을 더 잘 도울 수 있기를 기대하고 있습니다. 감사합니다.

추신: 저는 베키도 동의한다면 내년에는 다른 나라에도 단기 선교 여행을 가고자 생각 중에 있습니다. 다음번에도 저를 도와주시면 감사하겠습니다. 갈 준비를 마치면 또 편지 드리도록 하겠습니다.

Letter 4
제 4장
신임 선교사

사랑하는 친구들에게,

  저는 신임 선교사입니다. 주께서 저를 선교사로 부르시는 소명을 느꼈고, 선교지의 필요에 깊이 공감하였습니다. 저는 세계 지도를 놓고 연구를 했습니다. 저는 선교사가 절대적으로 부족한 현실, 그리스도 없이 죽어가고 있는 수백만의 영혼, 그리고 예수 그리스도에 대해 한 번도 들어본 일이 없는 세상의 무수한 사람들에 대해 생각하지 않을 수 없었습니다. 그래서 저는 지상 대명령을 수행하기 위해 가족, 직장, 그리고 집을 떠났습니다.

  저는 매우 거룩하고 성스런 여인처럼 선교지에 왔습니다. 저는 화장이나 보석 따위에는 관심이 없습니다. 긴 소매 옷만을 입고, 반바지나 짧은 치마 등은 멀리하고 있으며, 치마는 무릎 아래까지 내려오는 것입니다. 저는 날마다 경건의 시간을 규칙적으로 갖고 있지만, 여전히 제 마음 속은 부정하다는 생각을 하고 있습니다.

　제가 선교사택에 도착한 날부터, 저는 "선교"와의 씨름을 멈추지 않고 있습니다. 저는 계속해서 "과연 선교사의 일이란 무엇인가?" 하고 스스로 묻고 또 묻습니다. 선배 선교사는 "결코 거지들에 동냥해서는 안 된다"고 말했습니다. 적어도 "꼭 주어야 한다면, 1페니(한화로 10원 가량) 이상 주어서는 안 된다"고 말했습니다. 그 며칠 후 저는 장을 보러 시장에 나왔습니다. 큰 갈색 눈을 가진 비쩍 마른 한 소년이 더럽고 자그마한 손을 제게 내밀었습니다. 더러운 넝마와 같은 옷을 걸친 작은 여동생이 그 소년을 따라 다녔습니다. 주변을 둘러보았습니다. 아무도 지켜보는 사람은 없었습니다. 저는 몇 개의 동전을 그 손에 쥐어주었습니다. 그 소년은 활짝 웃으며 떠나갔습니다. 그 후로 아침부터 저녁까지 거지 떼거리들이 우리 집 앞에서 문전성시를 이루고 있습니다. 다른 선교사들은 어떻게 그 많은 사람들이 갑자기 모여들게 되었는지 의아해할 따름입니다. 저는 제가 시장에서 한 소년에게 동전 몇 개를 준 일을 말하지 않았습니다. 저는 감히 문밖으로 얼굴을 내밀지 못했습니다. 그들이 저를 알아볼 것이기 때문이었습니다.

　본국에 있는 가족과 친구들은 가난한 사람들에게 주라고 한 꾸러미의 헌 옷들을 보내왔습니다. 그 후 저는 헌옷을 받아가기 위해 저의 작은 집 앞에 줄을 서서 기다리는 마을 거지들에게 옷을 나눠주기 시작했습니다. 동료 선교사들은 이 옷들을 그냥 아무에게나 무상으로 주지 말라고 했습니다. "집안일을 돌보는 파출부나 정원사들에게 돈 대신" 사용하라는 것이었습니다. 그러나 이 옷들은 가난한 사람들에게 "팔지" 말고, 또는 일꾼들에게 품삯 대신 주지도 말고, 그냥 무상으로 나눠주라고 보내온 것들이었습니다! 저는 주기 위해 선교지에 온 것이지, 제게 아무런 필요가 없는 물건들을 내다팔거나 물물교환하기 위해 온 것이 아니었습니다.

제가 직장을 포기하고 또한 집과 가족을 떠나온 것은 복음을 한 번도 들어본 일이 없는 사람들에게 복음을 전하기 위해서였습니다. 저는 그들을 사랑하고, 그들이 앉는 자리에 앉고, 그들이 먹는 것을 먹고, 그들이 말하는 것처럼 말하며, 그들이 걸린 병을 치유하고, 그들의 자녀들과 함께 놀아주고, 그들을 먹이며, 나의 팔을 벌려 그들을 안아주고, 그들에게 성경을 가르치고, 그들에게 나 자신을 주기 위해 여기 왔습니다. 주님이 나를 위해 그리 하셨던 것처럼, 이제 제 생명을 쏟아 붓기 위해서 이곳에 온 것입니다.

한 연약한 여인이 저의 집을 찾아왔습니다. 그녀의 얼굴은 병든 자신의 어린 아기를 도와달라는 애처로운 호소로 일그러져 있었습니다. 그녀는 자신의 연약한 팔로 안고 있던 작은 바구니의 더러운 덮개를 들어 올렸습니다. 그 아기는 갈비뼈를 셀 수 있을 정도로 말라 있었습니다. 저는 그녀를 집안으로 들이고 사랑해주고 싶었습니다. 뜨거운 열로 고생하는 아기를 돌봄으로써 사랑을 보여주고 싶었습니다. 하지만 선배 선교사는 "지금은 진료 시간이 지났습니다. 내일 다시 오십시오."라고 말하는 것이었습니다. 그러나 그녀는 다음날 오지 않았습니다. 나중에 알게 되었지만 아기가 바로 그날 밤 결국 숨을 거두었기 때문에 오지 못했던 것이었습니다. 저는 선배 선교사가 그 사실을 모르도록 속으로 조용히 눈물을 삼켜야만 했습니다.

매주 저는 야채를 팔기 위해 찾아오는 여인에게 빈 깡통을 주었습니다. 이제 야채를 팔기 위해 선교사택을 찾아오는 대부분의 여자들은 첫 번째로 저의 집을 찾아옵니다. 저는 왜 그런지 이해할 수 없었습니다! 이른 아침이면 열두 명 가량의 여자들이 야채를 팔기 위해 저의 집 베란다에 나타납니다. 베테랑 선교사는 제게 "너도 다른 모든 선교사들처럼 빈 깡통을 팔아야 한다."고 말해주었습니다. 하지만 저는 제가 아는 한, 이 지구상에서 가장 가난한 사람들에게 빈 깡통을 팔 수는 없었습니다. 어떻게 집에서 버리는 쓰레기 같은 것을 팔 수 있단 말입니까? 저는 주기 위해 온 것이지 팔기 위해서 온 것이 아닙니다.

열이 나고 두 팔에 땀이 났습니다. 저는 책상에서 먼지나 모래를 닦아내고자 했습니다. 밤에는 책을 읽기가 매우 힘들었는데, 왜냐하면 나방들이 불빛 주변으로 떼거리로 몰려들었기 때문입니다. 이러한 것들은 아무런 문제도 아니었습니다. 하지만 제 동료 선교사가 제가 만든 음식을 먹을 수 없어 하는 것이 큰 어려움이었습니다. "이게 뭐죠?"라며 경멸하는 어투로 그들은 제게 묻습니다. 이렇게 묻는 이유는 제가 북미에서 왔고, 또한 저는 다른 곳에서 온 선교사들이 향기로우면서도 짠 맛이 나고, 뜨거우면서도 찬 음식을 좋아하지 않는다는 것을 몰랐기 때문입니다. 선교사들을 바라보는 저의 시선이 날마다 심각한 도전을 받고 있습니다!

지난 주에 작은 소포가 배달되어 왔습니다. 누군가가 그것을 보내왔다는 사실에 마음이 매우 흥분되었습니다. 선배 선교사는 제게 그런 소포들을 받아 버릇해서는 안 된다고 했는데, 왜냐하면 그 우편물이 여기까지 오는 데 많은 비용이 소요되기 때문이라는 것이었습니다. 소포를 열어보았는데, 막대 사탕은 이미 녹아있었고,

크래커와 치즈 안에는 온통 개미 천지였습니다. 향기나는 비누 하나는 완전히 초콜릿 맛이 났습니다. 웃음이 터져 나왔습니다. 저는 자주 웃지 않는 편인데, 그때는 정말 웃음이 나왔습니다. '이 얼마나 향기롭고 사랑스런 선물인가!' 하는 생각을 했습니다. 여기까지 오는데 몇 달은 걸리고, 심지어 쥐들이 다녀간 흔적이 역력했지만, 사랑과 관심으로 가득 찬 선물 상자를 받는 일은 참으로 놀라운 일이었습니다.

얼마 뒤 저를 후원하고 있는 교회 가운데 한 곳에 편지를 썼습니다. 그들은 제게 매달 25불을 보내주었습니다. 편지에서 저는 제가 사는 모습, 하고 있는 사역, 스케줄, 집, 음식, 그리고 우리가 익히고 있는 이곳의 관습들에 대해 말했습니다. 또한 몇 달 전 어느 점심 식사로 갓 따온 신선한 딸기를 먹은 이야기도 썼습니다.

우리는 앞마당에 밭을 일구었고, 아무도 돌보는 사람이 없었지만 구릉지대인 이곳은 풍성한 열매가 맺히고 있습니다. 어제 그 교회로부터 편지를 받았습니다. 그들은 이제 더 이상 저를 후원하지 않겠다는 것이었습니다. 그들은 말하기를 "당신이 한겨울에도 신선한 딸기를 거둘 수 있다니, 우리의 재정 후원은 필요 없을 줄로 압니다."라는 것이었습니다. 저는 그만 주저앉아서 울음을 터뜨리고 말았습니다. 제가 그들에게 무어라 편지를 써야 할까요? 아직까지 그들에게 답장 편지를 쓰지 못하고 있습니다. 저는 너무도 큰 상처를 받았습니다.

이제 저는 그동안 여러 선교 잡지들에서 읽어왔고, 수년 동안 기도해온 헌신된 모든 선교사들을 만날 수 있게 되었습니다. 제임스 선교사님은 매우 영적인 분이시지만, 짓궂게 장난치는 것을 좋아하는 분이십니다. 톰슨 선교사님은 지난주 선교부 자동차를 수리하는 수리공에게 화를 내었습니다. 스미스 양과 앤더슨 부인은 지난 금요일 학교 앞에서 연필을 두고 심한 논쟁을 했습니다. 이제 저는 그리스도께서 우리를 변화시키시고, 새로운 피조물로 만드시는 능력에 대해 사람들에게 말하는 것이 부끄럽습니다. 하지만 제 안에도 여전히 구정물이 있다는 사실을 잊지 않고 있습니다.

하나님께서 저를 부르셨기에, 그것이 바로 제가 지금까지 이곳에 있는 이유입니다. 하나님께서 제 손을 잡아주신다고 약속하셨습니다. 그분은 그 약속을 이루고 계십니다! 그것이 바로 제가 지난달 집으로 돌아가지 않은 이유입니다. 그것이 바로 제가 낙심한 채 포기해버리지 않은 이유입니다. 그것이 바로 주님이 "두루 다니시며 착한 일을 행하"셨다는 말씀이나, "주는 것이 받는 것보다 복이 있다"는 말씀을 읽을 때, 저의 헌신이 새로워지고 힘을 얻는 이유인 것입니다.

저는 이제 무엇을 기도해야 할지 압니다. "주님, 톰슨 선교사님이 비록 많은 일을 하셨지만, 그분이 다른 사람에 대해 인내하는 법을 배우게 해주세요. 제임스 선교사님이 우리가 좋아하는 것과 싫어하는 것을 구분할 수 있는 분별력을 갖도록 도와주세요.

존스 스미스 양의 마음을 사람들에 대한 사랑으로 채워주세요. 이곳에 온 지 오래 된 만큼, 병든 아기를 힘없는 팔에 안고 온 여자들의 호소에 동정과 연민의 마음을 갖도록 해주세요. 앤더슨 부인이 일보다는 사람이 더 중요하다는 것을 배우도록 해주세요. 우리 모두에게, 우리가 원하는 일보다 주께서 우리 안에서 행하시는 일이 더 중요하다는 것을 알도록 해주세요. 우리 모두를 도우셔서 우리가 이곳에 온 목적이 우리 자신을 만족케 하기 위함이 아니라 우리의 삶을 희생하기 위한 것임을 깨닫도록 해주세요. 우리는 우리가 하는 모든 일이, 그것이 전도하는 일이든 혹은 선교부에서 하는 일이든, 우리 안에 있는 주님의 생명의 반영임을 배울 필요가 있습니다. 항상 다른 사람들에게 비치는 그 모습이 바로 나 자신이라는 것을 배울 필요가 있습니다. 그리고 주님, 제가 선한 유머 감각을 갖도록 가르쳐주세요!"

제가 신임 선교사로 일해 온 이래로, 계속해서 느끼는 것은 선교지로 오기 전 필요한 준비가 참으로 충분하지 못했다는 것입니다. 교회 장로님들이 주님이 나와 함께 하시기만 하면, 다른 사람들에게 줄 많은 것들을 이미 가진 것이므로, 모든 일이 다 잘될 것이라고 그저 말씀하시던 것이 생각이 납니다. 제가 선교지에 도착했을 때, 저를 놀라게 하는 참으로 많은 일들이 있었는데, 그에 대해서 세세히 다 말씀을 드릴 수는 없습니다. 그 가운데 어떤 것은 다른 사람들에게 결코 말할 수 없는 일도 있습니다. 만일 장차 가게 될 선교지에서 온 선교사들로부터 오리엔테이션을 받거나 미리 현지 정보를 얻을 수만 있었다면, 그것은 참으로 큰 도움이 되었을 것입니다. 저는 바라건대, "(선교지의) 있는 그대로"를 말해줄 만큼 정직한 누군가가 있었으면 합니다. 선교지를 여행하고, 선교사를 방문하는 사람들이 있습니다. 그들은 참으로 많은 부분에서 우리에게 도움을 줄 수 있지만, 장로님들은 단지 모든 것이 다 잘 될 거라고 생각합니다. 그들은 너무도 선교지 상황에 대해 문외한이며, 선교사들에 대해서도 마찬가지입니다. 어떤 선교사들은 이미 선교지를 떠나버렸는데, 왜냐하면 그들이 가게 될 선교지에서 무슨 일을 해야 할지 전혀 계획도 없이 왔기 때문입니다. 이러한 상황을 벗어날 수 있는 가장 간단한 일은, 이미 그러한 것들을 나누고자 하는 선견지명을 가진 분들로부터 이 모든 상황들에 대해 미리 듣는 것입니다. 비록 여기에 온 지 얼마 되지는 않았지만, 저 역시 신임 선교사들의 일들은 전혀 생각도 못했던 경험들이며, 이미 너무 때늦은 일이라고 말씀드릴 수 밖에 없습니다.

저는 또 이렇게 기도합니다. "주님, 제가 다른 사람에게서 많은 허물을 보지 않고, 다만 제 눈을 당신께로 고정하기를 원합니다. 선교지의 실상이 기대했던 그대로가 아니라고 해서 마음이 낙심하여 지친 상태에 빠지지 않기를 원합니다. 저는 그 부르심이 제가 기대한 바와 전혀 다를지라도, 주께서 제게 주신 소명에 충실하기를 원합니다. 설령 주님을 닮는 것이 제 주변에 있는 사람들과 다른 존재가 되는 것을 의미할지라도, 저는 그렇게 되기를 원합니다."

네, 그렇습니다.

저는 신임 선교사입니다.

주를 위한…….

F.L. 코신(Kosin)의 편지에서 인용.

추신: 제가 이러한 것들을 나누는 것은 당신이 선교사들을 멸시하는 태도를 갖도록 하기 위한 것이 결코 아닙니다. 하지만 제가

발견한 대로 선교사들 역시 우리와 같은 성정을 가진 사람이라는 점을 당신이 알아야 한다고 생각했기에 이 편지를 나눕니다. 우리는 당신의 기도를 필요로 합니다.

"그리스도를 위하여 너희에게 은혜를 주신 것은 다만 그를 믿을 뿐 아니라 또한 그를 위하여 고난도 받게 하심이라"(빌 1:29)

Letter 5
제 5장
베테랑 선교사

친애하는 동료 선교사들에게

 우리는 수년 전, 주님께 대한 헌신의 결과로 가족과 고향과 직업과 보장된 성공과 고향에서의 영향력을 내려놓고, 복음을 들고 선교지로 왔습니다. 제 아내와 저는 부모를 떠나 배와 보트와 카누를 타고, 주님이 우리를 부르신 선교지의 내륙 깊숙이 걸어서 6주간의 여행을 마쳤습니다. 우리는 짐수레에 문제가 생겨서 어려움을 겪었기 때문에 마음이 크게 낙심이 될 뻔 했습니다. 하지만 우리는 단지 2년 동안만이 아닌, 우리의 생명을 내어주고자 온 것이었습니다. 우리는 다른 선교사들이 배우지 않은 언어를 배우고자 왔습니다. 우리는 떠나오기 전에 무슨 대표단의 일을 하지도 않았습니다. 다만 하나님으로부터 부르심을 받았으며, 하나님은 우리의 모든 필요를 공급하실 것을 믿고 있었습니다. 우리는 우리의 기도 편지를 회사에 정기보고서를 제출하듯 보내지 않았습니다. 우리는 성경학교나 또는, 예비 선교사 훈련센타에 다니지도 않았습니다. 다만 지금까지 주님이 우리를 준비시키신 것만으로 충분하다고 믿었습니다. 그래서 주님이 우리를 선교사로 부르신 것을 확신하고는 아브라함처럼 우리의 갈바를 알지 못한 채 나아갔던 것입니다.

우리가 고향을 떠날 때, 우리는 다만 다섯 개의 가방에 넣을 수 있을 만큼만 가지고 왔습니다. 우리는 진흙으로 오두막을 짓고, 밖에서 나뭇가지로 불을 피워 음식을 해먹었습니다. 우리는 밭을 만들어 우리가 가지고 온 약간의 씨앗을 심었습니다. 우리는 곤충들과 뱀, 그리고 야생동물들과 더불어 사는 법을 배웠습니다. 우리는 마을에서 장을 보면서, 계속해서 그들의 문화와 언어를 익혔습니다. 우리는 집을 짓거나, 수로 시스템을 만들거나, 또는 전기 시설이나 태양열 판넬을 만드는데 세월을 보내지 않았습니다. 타자기가 우리가 소유한 가장 현대적인 문명의 이기(利器)였습니다.

단기선교에서처럼 "시도해보고 효과가 있는지 보는 것", 혹은 "좋아할만한 지 해보는 것"은 우리의 의도가 아니었습니다. 복음에 대한 우리의 헌신은 얼마의 대가를 치르는가에 관계없이 목숨을 다해 섬기는 것이었습니다. 우리는 많은 선교사들이 도전해보지만 성공하지 못하는 것을 지켜보았습니다. 어떤 사람들은 너무 힘들어서 본국으로 돌아갔습니다. 또 어떤 사람들은 다른 지역으로 가서 새로운 사역을 시작했습니다. 흥미로운 일은 새로운 선교사들이 왔을 때, 그들은 너무도 많은 것을 배우기 원하는데, 금방 그 모든 것을 아는 것처럼 행동한다는 것입니다. 그들은 우리의 방식이 너무도 구식이라는 것을 발견합니다. 그들은 우리가 새로운 방식으로 많은 사람들에게 복음을 전할 수 있음에도 너무도 적은 사람들을 대상으로 사역하고 있다고 말합니다.

어째서 사도들이 행한 방식이 더 이상 우리에게 유효하지 않은 것이 되었을까요? 그들은 나가서 복음을 전했고, 주님이 공급해주심으로써 하루 하루를 살았습니다. 그들은 전에 그들이 가진 세상 재물의 절반 이하에도 미치지 않는 것으로 사는 법을 배웠습니다. 주님은 그들을 보내면서 그들이 너무 많은 것을 가지고 가지 않도록 말씀하셨고, 또한 일군이 자기 삯을 받는 것이 마땅하다고 말씀하지 않으셨습니까? 주님은 개척 사역을 감당했던 한 세대의 선교사들의 모든 필요를 공급해주셨고, 주님이 다시 오시는 날까지 이에 필적할 만한 것은 없을 것입니다.

우리는 CB 라디오, 전화, 팩스, 전자메일을 사용하기 이전부터 섬겨왔고, 심지어는 정기적인 우편배달이 너무도 느려서 몇 달 동안 본국으로부터 아무 소식도 듣지 못하기도 했습니다. 우리가 복음을 전하기 위해서 온 선교지 현지의 많은 사람들은 이전에는 백인들을 본 일이 없었습니다. 사람들은 마치 우리가 무슨 끔찍한 질병이라도 걸린 사람인 처럼 하루 종일 우리 얼굴만 쳐다만 봅니다. 사람들은 밤과 낮을 가리지 않고 집에 찾아왔습니다. 그래서 그들은 하루 온종일 우리가 하는 일의 연속적인 방해물처럼 보였습니다. 하지만 이것이야말로 우리가 온 목적이었습니다.

우리는 새로운 선교사들이 본국에서 물건들을 가져오는 이유를 이해할 수가 없었습니다. 우리는 새로운 "동역자들"이 컨테이너 하나나 둘 정도 분량의 가정용품들을 가져오는 것을 보며 놀란 채 서있을 수밖에 없었습니다. 우리가 물건들을 내리는 것을 도와주면서 살펴본 물건 목록은 온갖 주방 기구와 도서관을 차릴 만큼의 책들, 전기 제품 일체, 냉장고, 냉동고, 세탁기, 드라이어기, 일생 동안 입고도 남을 만큼의 옷가지들이었습니다. 그들은 전화, 팩스, 복사기, 컴퓨터, 발전기, 태양열 난방 장치, 전자 레인지, 라디오, TV, 비디오 플레이어와 심지어는 전자 차고 개폐기도 가지고 있었습니다.

그렇습니다. 우리는 선교지에서 일생을 보내기 위해 왔고, 5년 간격으로 안식년을 갖고자 생각하고 있습니다. 새로운 선교사들이 2년 마다 6개월 씩 본국으로 휴가를 떠날진대, 과연 무슨 선교가 이루어지겠습니까? 그들은 본국에서 선교지로 돌아오자 마자 다음 번 귀국 계획을 짜고 있습니다. 그들은 우리가 특별한 생필품을 사러 큰 도시에 가는 것처럼, 본국을 들락날락하는 것 같이 보입니다. 주님을 따르기 위해 모든 것을 버렸다던 신앙고백은 과연 어찌 된 것일까요?

그들의 자녀들은 우리 자녀들처럼 기숙사 학교에 보내면 안된답니까? 그들은 선교 사역에 매진해야 함에도 홈스쿨링을 한다면서 하루 종일 자녀들에게 매달려 있습니다.

우리는 사람들을 섬기기 위해 이 나라에 왔습니다. 우리는 복잡하게 살기를 원치 않고 현지인들의 생활 수준과 가깝게 살고자 노력하고 있습니다. 새로운 선교사들은 대부분의 시간을 그저 사는 데 보내고 있기 때문에 드리는 말입니다. 그들이 가지고 있는 현대적인 문명의 이기들은 항상 고치고, 배치를 바꾸어 보고, 설치하고, 또 관리해야만 합니다. 그들은 계속해서 트럭과 트랙터, 오토바이, 컴퓨터, 발전기 등의 부속품을 본국에 주문하고 있습니다.

만일 그들이 큰 도시에서 그것을 구할 수만 있다면, 부품을 구하기 위해 며칠을 소비하는 것입니다. 과연 그들이 언제 선교의 일을 하고 있는 것인지 궁금하기만 합니다. 확실히 그들은 본국에서 직장을 가지고 일할 때처럼, 여기 선교지에서도 하루 여덟 시간을 일하고 있습니다. 때때로 저는 그들이 여기에 온 목적이 선교 사역을 위해 온 것이 아니라, 다만 이민온 것처럼 살기 위해서 온 것은 아닌가 하는 생각을 하곤 합니다.

이제 막 선교지에 도착한 이런 새로운 선교사들이 40년을 선교해 온 나에게는 가장 적응하기 힘든 부분입니다. 저는 여기 선교지에 온 그들을 환영해주기로 결정했고, 주님의 이름으로 영접했습니다. 하지만 그들은 이곳에 도착하자마자 우리가 지금까지 해온 모든 것을 바꾸기 시작합니다. 그는 어떤 대학에서 선교학과를 나온 사람입니다. 그들은 언어 연구 과정을 마쳤습니다. 그들은 그 외에도 여러 가지 학위를 가지고 있습니다. 그들은 저보다 더 많은 학식을 가지고 있습니다. 그들은 제가 지금까지 가르쳐온 것과는 너무도 대조적입니다. 그들은 제가 하고 있는 방식과는 반대로 알고 있습니다. 그들이 다른 나라와 다른 문화권에서 살다가 온 것은 사실이지만, 저는 그것이 문제라고 생각하지 않습니다. 그들이 선교지에 도착하기 전까지, 우리는 전혀 만난 적이 없었지만, 저는 그들이 우리와 함께 선교 사역을 잘 감당할 것을 바랐습니다. 그들이 우리와 같은 그룹이라고 기대했는데, 사실 그들은 너무도 우리와 다릅니다.

우리는 지난 40여년 동안 주님이 축복해주신 사역을 계속 이어갈 수 있도록 주님이 한 가정을 보내주실 것을 위해 오랜 시간 기도해왔습니다. 저는 이 가정이 우리의 기도에 대한 응답이기를 바랐습니다. 우리는 그들의 손에 사역을 맡기고, 본국에 돌아가기 위한 계획을 세웠습니다. 하지만 저는 정말이지, 이 사람들에게 사역을 맡기고 떠날 수가 없습니다. 제가 그동안 일해온 거의 모든 것이 수포로 돌아갈 것 같이 생각되는데 어떻게 본국으로 돌아갈 수 있단 말입니까! 제가 사용했던 모든 방법들이 다 내던져질 판이었습니다. 제가 그동안 번역했던 찬송들도 모두 폐기될 상황이었습니다. 우리는 정말 병이 들었습니다.

사실 우리는 서로 대화조차 하지 않고 지냅니다. 그들은 선교 본부의 낡은 집 가운데 살고 있었는데, 곧 그들은 크고 새로운 선교 본부를 건축할 계획을 하고 있었습니다. 그들은 돈이 상당히 많은 것 같았습니다. 저는 그들을 지켜보고 있었고, 그들도 아마 우리를 지켜보고 있을 것입니다. 저는 그들이 무엇을 하고 있는지 궁금했습니다. 저는 그들이 우리가 해온 모든 것을 바꿀 방법을 찾고 있다고 생각했습니다. 사역을 생각할 때마다 제 마음은 혼란스러웠고, 또한 무거웠습니다. 이 사람들로부터 이 사역을 지켜내기 위한 계획을 짜내는데 혼신의 힘을 다하고 있습니다. 저는 제 자신과 제 생각에 넌더리가 났고, 하나님께선 지금 일어나고 있는 일을 못마땅하게 생각하신다는 것을 알고 있습니다. 하지만 제가 무엇을 할 수 있을까요? 저는 그들에게 다가갈 수 없습니다. 그들은 이해하지 못할 것이 분명합니다. 일을 합당하게 하기 위해 과연 무엇을 할 수 있을까요? 저는 그들이 제게 와야 한다고 생각하지만, 그들은 변하지 않을 것입니다. 우리는 힘겨루기 상태와 사역의 장래 문제에 빠져 있습니다. 성경은 제게 온통 혼란 상태에 대해 소리쳐 말씀하고 있습니다. 제가 성경을 읽고자 할 때마다 매번 주님이 다음과 같이 말씀하시는 것을 듣습니다. "형제가 연합하여 동거함이 어찌 그리 선하고 아름다운고!"

저는 그냥 본국으로 돌아가고, 모든 일을 그저 내버려두는 것이 좋을까요? 하지만 여기 현지인 성도들은 주 안에서 제 자녀들과 같습니다. 그들을 육체적으론 세상에 태어나도록 했고, 영적으론 하나님의 가족이 되도록 했습니다. 또 그들에게 침례를 베풀었습니다. 그들을 장로로 세웠습니다. 그들이 결혼하도록 주선했고, 또 그들 가족의 많은 사람들을 장사지냈습니다. 우리는 그들 자녀들도 가르쳤습니다. 저는 그들에게 말씀을 가르쳤고, 제자 훈련을 통해 그들을 양육했으며, 그들을 후원했고, 그들의 집을 지어주고, 그들의 밭도 일구어 주었으며, 병들었을 때 치료를 했으며, 또한 노래를 가르쳤습니다. 그들은 저의 일부입니다. 전생애를 그들을 위해 쏟아 부었습니다. 무엇을 해야 할까요? 지난 40년간 우리가 가르치고자 했던 것을 새로운 동료 선교사는 무시하는 듯이 보입니다. 그들이 설교한 희생과 헌신의 메시지는 자취를 감춘 듯 합니다. 이제 현지인들이 해야 할 일은 다만 믿고 구원을 받는 것이 전부인 것처럼 보입니다. 어째서 침례를 받는 것이 더 이상 중요하지 않게 된 것일까요? 교회에서 여성의 역할에 무슨 변화가 생긴 걸까요? 어째서 수년전에 본국에서 번역한 찬송들이 더 이상 좋지 않은 찬송이 된 것입니까? 어째서 예배 시간에 꼭 악기를 사용해야만 하게 된 건가요?

때때로 새로운 선교사들이 하는 말을 들으면, 제가 아무 일도 하지 않은 사람처럼 느껴지곤 합니다. 그들의 삶과 사역을 우리의 것과 비교할 때 종종 마음이 낙심이 되는 것을 고백하지 않을 수가 없습니다. 그것이 제가 편지를 쓰는 이유입니다. 여러분이 새로운 선교사들을 비난하거나, 또는 베테랑 선교사들에게 측은한 마음을 갖게 하는 것은 제 뜻이 아닙니다. 다만 여러분이 우리도 사람으로 감정을 가지고 있는 존재라는 사실과 당신의 기도를 필요로 한다는 것을 알기를 바랄 뿐입니다.

곧 재림하실 주님을 섬기는 종 올림

추신: 제가 쓴 이 모든 내용 때문에 미안한 마음이 있습니다. 하지만 들어주셔서 감사합니다. 여기선 속 마음을 터놓고 얘기를 할 수 있는 사람이 한 사람도 없습니다. 무엇을 해야 할지 모르겠네요!

Letter 6
제 6장
선교사 자녀들

사랑하는 동료 선교사 자녀들에게

저는 선교사 자녀입니다. 그리고 저는 그것이 사람들에게 무엇을 의미하는지 잘 알고 있습니다. 그것들은 다음과 같습니다. "우리는 대부분의 아이들이 가져보지 못한 놀라운 기회를 가져보았다. 우리는 대부분의 아이들이 가보지 못한 곳에 가보았다. 우리는 대부분의 아이들이 결코 꿈도 꾸어보지 못한 수준의 삶을 경험했다." 하지만 저는 학업을 마쳤고, 이제야말로 진짜 제 감정을 표출할 시기가 왔다고 생각합니다.

저는 제 자신의 선택과는 무관하게 선교사 자녀가 되었습니다. 그것은 우리 대부분의 선교사 자녀들의 실정입니다. 부모님은, 제가 참으로 즐거워하던 가정의 안락함을 뒤로하고, 제 남은 생애 동안 가깝게 지내고픈 가족들과 친구들에게 작별을 고해야만 하는 주님의 소명을 받으셨습니다. 사실 전 지난 몇 년 동안 사귀었던 친구들과 더불어 그저 도시 근교에서 사는 평범한 삶을 원했었습니다.

하지만 부모님은 이 모든 것을 떠날 결정을 하셨고, 저는 제가 사랑하던 모든 것들로부터 한참 떨어진 먼 이국타향에서 살아야만 했습니다. 부모님이 그에 대해 기도하셨고, 또 선교지에 대한 정보들을 알고자 많은 질문들과 편지들을 쓰셨던 것을 잘 알고 있습니다. 물론 그 모든 것에 대해서 부모님께서는 우리에게 말씀해주셨습니다. 하지만 우리가 무슨 말을 할 수 있었을까요? 물론 당시 우리에게는 그것이 우리가 알고 지내는 사람 중 그 누구도 기대할 수 없는 엄청난 경험과 참으로 흥분되는 변화처럼 보였습니다. 그 당시 저는 부모님들이 고려중에 있는 계획과 전체적인 결정에 대해 혼자서 이리저리 생각해보며 잠자리에 들곤 했습니다.

그리스도인으로서 저는 부모님께 순종하며, 또한 저 역시 부모님이 소유한 헌신과 동일한 헌신을 하는 것이 제 의무라고 생각했습니다. 잠자리에 들 때마다 저는 훌륭한 그리스도인이 되어서 어른이 되면 선교사가 되고 싶다는 소원을 아뢰었습니다. 또 우리 교회에 걸어둔 선교사들의 사진들이 제 머리 속에서 떠다니곤 했습니다. 미래를 생각하면 얼마나 흥분되던지요!

그러나 어떤 때에는 온 가족들을 대신해서 선택한 아버지의 결정을 따르는 것이 너무 싫어서 잠자리에서 눈물을 흘리곤 했습니다. 친구들과 오랫동안 만나지 못할 것과, 또 할아버지와 할머니 생전에 다시는 뵙지 못할지도 모른다는 생각이 들었습니다. '학교 친구들이 나를 그리워할까?' 부모님이 제 울음소리를 듣지 못하도록 베개에 얼굴을 파묻고 엉엉 울었습니다. 때때로 부모님들은 선교지로 가시고, 저는 파포 할아버지와 나노 할머니와 함께 그냥 남아 있으면 좋겠다고 바랐습니다. 그래서 어떤 때에는 차라리 부모님이 저의 울음소리를 들었으면 좋겠다는 생각도 들었는데, 그러면 혹시라도 제 말에 귀를 기울이시고 저의 생각을 고려해주지 않을까 하는 마음에서였습니다. 한두 번 정도는 죽고 싶은 마음도 들었습니다. 그러면 하늘나라로 바로 갈 수 있을 것이기에… 그것이 사람에게 일어날 수 있는 가장 좋은 일 아닌가요! 세상 돌아가는 모든 일이 마치 나에게 일어날 수 있는 가장 나쁜 일만 골라서 일어나는 것처럼 보였습니다. 저와 동생들에게는 무척이나 혼란스러운 시기였습니다. 동생들은 아직 어렸기 때문에 무슨 일이 일어나고 있는지 조차 몰랐습니다.

저는 선교사로 소명을 받지 않았습니다. 세상 저편으로 가서 그 사람들에게 예수님을 전하는 일에 헌신되어 있지도 않았습니다. 물론 저는 그리스도인입니다. 주일학교와 교회에 다니고 있었으며 저녁 집회에도 빠지지 않았지만, 선교사의 자녀로서 그곳에 간다는 것이 무엇을 의미하는지 전혀 알지 못했습니다.

어떻든 우리는 선교지에 갔습니다. 물론 제 생애 처음으로 비행기를 탔던 일은 정말 흥분되는 일이었습니다. 보고 듣는 모든 것이 날마다 새로운 경험이었습니다. 그러나 무엇보다 다른 몇몇 선교사 자녀들을 제외하곤 누구에게도 터놓고 말할 수 없게 되었다는 것이 가장 큰 변화였습니다. 그들 가운데 몇 명은 우리가 자기들과는 전혀 다른 나라에서 왔다는 사실을 알고서는 그리 친절하게 대하지 않았습니다. 또 어떤 애들은 영어도 할 줄 몰랐습니다. 우리는 함께 놀았지만, 그 아이들은 제가 한 번도 들어본 적도 없고 할 수도 없는 게임을 했습니다. 또한 그 아이들도 우리가 하는 게임을 할 줄 몰랐습니다.

시간이 조금 지나서야 좋은 친구를 사귈 수 있었습니다. 우리는 함께 많은 일을 했고, 함께 할 많은 것들을 발견해냈습니다. 그 친구는 이곳에 온 지 상당히 오래되었기에 멋진 곳을 많이 알고 있었습니다. 하지만 그 아이는 숙제를 하는데 많은 시간을 들여야 했습니다. 그는 "홈-스쿨링"*을 한다고 했습니다. 저는 곧 기숙사 학교에 들어가게 될 거라고 말했습니다. 그런데 그 친구는 그걸 좋아하지 않았습니다. 집을 떠나 기숙사 학교에 들어가는 것을 대단히 나쁜 것으로 생각했습니다. "그토록 오랜 시간 우리를 학교에 보내는 부모님들에게 무슨 문제가 있는 것은 아닐까?"라고 제게 묻곤 했습니다. 그러나 저는 왜 그런지 몰랐습니다. 다만 제가 아는 것은, 어떻든 기숙사 학교로 곧 들어간다는 사실이었습니다. 저에게 있어서 "기숙사 학교"는 마치 하나의 큰 가족처럼, 다른 많은 아이들과 함께 학교에서 같이 살고, 자고, 또 먹는다는 것을 의미했을 뿐, 그 외의 다른 것들에 대해서는 전혀 알지 못했습니다. 그랬기에 저로서는 "기숙사 학교"가 대단히 흥미롭게 들렸습니다.

하지만 그 친구는 어떻든 저의 부모님이 자기네 부모님만큼 좋은 생각을 갖고 있지 못하다고 생각했습니다. 저를 먼 곳으로 떠나보낸다는 것이 그 이유였습니다. 저는 그녀의 태도가 못마땅했습니

---

* 역자주 - 일반학교 교육에 아이를 위탁하지 않고, 집에서 부모가 아이들을 가르치는 교육방식.

다. 저의 부모님은 제게 걱정하지 말라고 하셨습니다. 주님이 저를 기숙사 학교로 보내도록 우리 부모님께 말씀하셨기 때문이라고 했습니다. 부모님은 제가 기숙사 생활을 좋아할 것이며, 또한 훌륭한 교육을 받을 것이라고 믿어 의심치 않으셨습니다. 이외에도 부모님은 "제 친구의 부모님은 홈-스쿨링에 너무 시간을 많이 보내기 때문에 선교사의 일을 많이 하고 있지 못하다."는 말씀을 하셨습니다. 저는 그 말도 납득이 가지 않았습니다. 하지만 이제는 그 의미를 알 것 같습니다.

제 생애 가장 어려운 시기 가운데 하나는 역시 기숙사 학교로 떠나던 때였습니다. 처음으로 집을 떠나는 것이었고, 한 달 가량 내내 울었습니다. 저의 부모님과 다른 분들은 그들의 사역을 위해서는 이것이 최선이라고 느꼈습니다. 우리는 집(실제로는 전혀 집이라 할 수 없습니다.)을 떠나 차를 타고 7시간 30분 정도 가서 학교에 도착했습니다. 한두 번 정도는 비행기를 타야 했습니다. 이렇게 해서 학기가 시작되는 것이었습니다. 한 학기는 3개월 단위로 되어 있습니다. 한 학기를 마치면 한 달 정도 부모님들에게로 돌아갑니다. 이렇게 반복하는 것이 1년간의 일정이었습니다.

학기 사이에 한 가족으로서 함께 모이면, 우리는 항상 엄마 아빠에게 언제쯤이나 되어야 안식년을 맞이해서 본국에 돌아가느냐고 물었습니다. 처음에는 안식년이라는 말이 무슨 뜻인지도 몰랐습니다. 그저 친구들을 만날 수 있고, 또 할아버지 할머니를 뵙고, 맥도날드에 가서 정상적인(?) 음식을 먹고, 또 내가 원할 때면 언제든지 샤워하면서 물을 충분히 쓸 수 있는 것이라고만 생각했습니다. 하지만 부모님은 안식년에 대해 입도 뻥긋하는 것조차 원치 않으셨습니다. 본국에 돌아갈 날짜가 정해지면 선교사역의 효율성이 크게 떨어지는데, 왜냐하면 그때부터 모든 것이 안식년의 일정에 맞춰 결정되기 때문이라는 것이었습니다. 하지만 저에게는 바로 그것이야말로 정말로 원하는 일이었습니다. 우리는 날짜가 정해지길 원했습니다. 그래야 날짜 세기를 시작할 수 있었거든요.

학교에 있을 때 우리는, 부모님들이 선교지에 오기를 결정하면서 지불해야만 했던 희생들에 대해 교육을 받았습니다. 그러나 선생님들은, 우리 대다수가 원치 않는 곳에 따라가기로 결정함에 따라 지불해야 했던 희생에 대해서는 전혀 말씀하지 않으셨습니다. 그들은 우리가 본국에 돌아가 가족들과 함께 있기를 원하고 있다는 사실을 전혀 모르는 것 같았습니다. 그저 우리는, 우리들이 학교 기숙사에 들어감으로써 부모님들이 하고 계신 주님의 사역이 훨씬 수월해졌다는 이야기만 들을 따름이었습니다.

밤에 우리 여학생들끼리 그에 대해 이야기를 나누곤 했습니다. 때때로 우리는, 우리가 기숙사 학교에 들어왔기에 주님의 일에 도움이 되고 있다는 사실에 감명을 받기도 했습니다. 한 여자 아이는 자기 부모님이 이렇게 말했다고 했습니다. "기숙사 학교 기간이 시작되니 참 기쁘구나. 너를 그곳에 보내면 사실, 주님의 사역에 더 큰 진척을 가져올 수 있단다." 그녀는 밤새도록 울어댔습니다. "부모님들이 하는 주님의 일에 방해된다면, 도대체 나는 왜 태어난거야."라는 생각이 자꾸 들기 때문이었습니다. 우리 여덟 명은 각자의 침대에서 일어나, 그것은 금지사항이었지만, 그녀의 침대 위에 올라가 그녀를 위로하려고 애썼습니다. 하지만 결국 모두 엉엉 울음을 터뜨리고 맙니다. 우리 부모님들도 그렇게 생각하는 것 같은 생각이 들기 때문입니다.

　기숙사 학교를 정말 좋아하는 아이들도 있었습니다. 그들은 부모님들을 떠나 "부족" 아이들이 아닌 자기 또래의 친구들을 사귀는 것을 즐거워했습니다. "부족"이란 말은 우리 부모님이 설교하는 대상인 선교지 사람들을 가리키는 말입니다. 이런 아이들 가운데 많은 아이들이 우리가 이와 같이 외국에 나와서 선교사 자녀로서 할 수 있는 모든 것들을 경험해본다는 것이 얼마나 큰 행운인지 이해시키려고 애썼습니다. 물론 우리도 알았습니다. 다른 나라에서 살고 있다는 것이 얼마나 큰 행운인지 생각했습니다. 하지만 우리의 감정은 오르락내리락 들쭉날쭉했습니다. 그저 혼란만 계속될 뿐이었습니다.

　부모님에게 전화하는 것은 금지사항이었습니다. 많은 부모님들이 시골에 있었기 때문에 전화가 없었고, 그래서 어떤 아이들은 전화할 수 있지만 다른 아이들은 그렇게 할 수 없는 것이 불공평하기 때문이라는 이유였습니다. 또한 전에 향수병이 심했던 한 학생이 부모님과 통화하는 동안 울고 또 울면서 와서 자기를 데려가 달라고 부모님께 떼를 썼던 일이 있었습니다. 그러나 부모들은 그리 할 수 없었기에, 참으로 난처한 상황이었답니다. 그래서 그 뒤로부터 아무도 전화를 할 수가 없게 되었습니다.

　어떤 때는 우리 모두 향수병에 걸렸습니다. 아마도 그건 부모님들로부터 온 편지 때문이었던 것 같습니다. 어떤 아이들은 항상 편지를 가지고 다녔고, 심지어는 선물 꾸러미를 들고 다니는 아이도 있었습니다. 그러나 몇몇 아이들은 아무 편지도 받지 못했습니다. 그들은 정말 어려운 시기를 보냈습니다. 하지만 한 아이가 향수병에 걸리면, 나머지 아이들은 그들을 돕고 위로하느라 노력했습니다.

우리는 우리 마음 속의 진짜 감정들을 선생님들이나 교장 선생님에겐 말하지 않으려고 했습니다. 그들은 벌써 우리가 수천만 번이나 들었던 길고 긴 강의를 또 시작하려고 했습니다. 격주에 한 번씩 우리는 부모님들에게 편지를 써야 했습니다. 언젠가 한 번은 한 아이가 자신의 상황이 얼마나 나쁜지 썼는데, 그걸 읽은 선생님이 더 좋은 내용의 편지를 다시 쓰라고 시켰습니다. 그 뒤로 우리는 우리의 진짜 감정을 쓰지 않습니다. 특별히 우리가 정말로 슬프고 힘들 때에는 더 그렇습니다.

우리 학교가 일반 거주지에서 500마일이나 떨어져 있기는 하지만, 오히려 다른 친구들로부터 받는 압력은 대단합니다. 특히 새 학기가 시작될 때는 더했습니다. 소위 "재정 후원이 많은" 선교사 가정의 아이들은 최신 유행하는 옷과 운동화를 신고 옵니다. 물론 집에서는 그런 것이 문제 될 것이 전혀 없겠지요. 그러나 어떤 아이들은 새로운 옷을 살만한 경제적인 여유가 없습니다. 우리가 입는 모든 옷은 마구잡이로 보내온 남이 입던 헌옷들이었습니다. 우리는 선교지에서조차 적합하지 않는, 학교 기숙사에서는 더 말할 것도 없는 헌옷들을 입었습니다. 우리는 그 옷들이 닳아지거나 너무 작아져 입지 못할 정도가 될 때까지 입어야만 했습니다. 여러분은 항상 새로운 옷과 최신 청바지와 비싼 구두에 대해서 말할지도 모르겠습니다. 가장 최신의 미국 유행이 학교에 들어와 꽤 큰 소란을 일으키기도 했습니다. 때로는 어떤 옷들은 규칙위반으로 정해지기까지 했는데, 그 옷들이 유행을 따른 '세상적인' 옷이라는 이유 때문이었습니다. 다른 나라에서 온 아이들이 입는 어떤 옷들은 진짜로 우스꽝스러웠습니다. 그들은 많은 놀림을 받았고, 그 일로 다른 아이들과 어울리는 데에 큰 어려움이 있었습니다. 그들은 그런 옷들이 집에서 입던 옷이라고 했습니다. 이런 일들이 학교 직원들의 심기를 거슬렀습니다. 그리하여 결국 우리가 늘상 집에서 입던 수 많은 옷들을 복장위반으로 만들어 버리는 〈복장 규정〉이 생겼습니다.

학기가 끝나는 것은 언제나 좋았습니다. 학교와 선생님들에게 얼른 작별 인사를 하고 집으로 향했습니다. 우리 가운데 몇 명은 비행기를 타고 집으로 갔지만, 대다수는 트럭을 타고 길고도 무더운 여행을 했습니다. 어떤 아이들은 매우 가까운 곳에 살았는데, 불과 한두 시간 거리에 집이 있었습니다. 우리가 집에 도착하면 그걸로 또 다시 1년 전체 과정이 시작되는 것이었고, 이런 과정이 계속해서 반복되었습니다. 그러다가 우리는 안식년을 맞아 본국에 돌아갈 준비를 마쳤고, 부모님들은 주님의 일에 대한 아쉬운 마음이 있었습니다.

지금 저는 미국에 있으며, 이제 막 대학에 들어갔습니다. 부모님은 대학 진학 문제 때문에 몇 달 집에 오셨다가, 다시 동생 둘과 함께 선교지로 돌아가셨습니다. 동생들은 기숙사에, 그리고 부모님은 주님의 사역지로 돌아갈 것입니다. 저는 여기서 또 전혀 새로운 문화에 적응하고자 애쓰고 있습니다. 많은 것들이 변했습니다. 제가 정말로 어려워하고 있는 문제들 가운데 하나는 선교지에서 자랐기 때문에 생긴 것인데, 곧 제가 정말 미국 문화에 어울리지 않는다는 것입니다. 하지만 저는 분명 미국인이고, 부모님이 선교사로 가 계신 나라의 문화에는 동화되고 싶지 않습니다. 저는 어느 곳에도 속해 있지 않습니다. 하지만 저는 이곳 미국을 저의 진짜 모국으로 정하기로 마음먹었습니다.

　학생들 중에서 또 다른 선교사 자녀들을 만났는데, 꽤 도움이 되었습니다. 그들 역시 제가 고민하고 있는 동일한 문제에 직면해 있었습니다. 전에 있었던 기숙사에서 경험했던 것과 똑같은 감정들이 바로 여기에도 있었습니다. 그건 마치 이제는 다 버려두고 왔다고 생각하여 안도하고 있던 제 생애의 한 시기가 되살아나는 느낌이었습니다. 저는 선교지에서 자랐기 때문에, 여기 대학의 친구들이 중요하다고 생각하는 것들을 따라가지 못하고 있습니다. 또한 대부분 대학생들이 입고 있는 옷들을 살만한 돈도 없습니다. 저는 한 번도 스포츠나 컴퓨터 게임을 해본 적이 없었습니다. 이런 모든 것들로부터 그토록 많은 시간동안 격리된 채 지냈던 것이었습니다.

　여기에 돌아와 매우 곤란한 상황 가운데 있는 선교사 자녀들이 있습니다. 부모나 학교 기숙사로부터 벗어나 처음으로 누리는 자유입니다. 실제로 완전히 탈선한 한 아이는 선교지에서 홈-스쿨링을 했던 아이였습니다. 그 아이는 돈, 시간, 자유, 아이들과의 관계, 또 이전에는 존재조차도 몰랐던 많은 유혹들을 어떻게 다뤄야 할지 몰랐습니다. 참 안타까운 마음이 들었지만, 그 아이는 제가 자기 삶에 끼어드는 것을 원치 않았습니다.

　이 여자아이는 홈-스쿨링을 하는 데에만 시간을 조금 들였고, 대학을 마치 파티에 가는 것쯤으로 생각했습니다. 그녀는 이미 두 학기쯤 낙제했는데, 성적이 너무 처졌기 때문입니다. 그녀는 지금 남자관계로 매우 어렵고 곤란한 상황 가운데 있는데, 그녀가 정말 변하지 않는다면 정말이지 더 큰 어려움에 처하게 될 것입니다. 그녀의 부모님은 이 사실을 모르고 있습니다. 왜냐하면 그녀는 편지를 참으로 아름답게 쓸 수 있는 재능이 있었기 때문입니다. 정말이지 안타깝기 그지없습니다. 그녀는 모든 것들을 숨기고 있습니다.

저 또한 숨기고 있는 사실이 있습니다. 하지만 어쨌든 우리 학교에는 수백 명의 아이들이 있고, 한밤중에 여학생 기숙사에 남학생들이 찾아와서 시끄러운 음악 테이프를 틀고 노는 시간처럼 "나쁜" 일들을 하기도 합니다. 학교 직원들이 그런 일들이 얼마나 심각한 일인지 경고할지라도 아이들은 콧방귀도 안 뀝니다. 또 어떤 경우에는 남학생들이 여학생 기숙사에 들어와서 여학생들의 옷장에서 속옷을 꺼내가기도 했습니다. 국기 게양대에 여학생들의 속옷들이 걸려있는 광경은 진짜 웃겼습니다. 한번은 우리가 남학생의 반바지들을 가져다가 그 위에 지워지지 않는 매직으로 온갖 "나쁜" 말들을 썼습니다. 그런데 그 반바지를 세탁하려 하는 남자애들은 하나도 없었습니다. 여기 대학교에 다니는 남학생과 여학생은 같은 층, 거의 같은 방에서 삽니다. 저와 대화를 나눈 다른 여학생은 이러한 자유가 참으로 좋다고 했습니다. 삶이 어찌 이리도 다른지요.

제겐 여러 부분에서 내적인 갈등이 있었는데, 처음 겪었던 갈등 가운데 하나는 교회였습니다. 저는 주님을 기쁘시게 하는 일에 갈증을 느끼고 있는 또래 아이들을 발견할 수 있는 교회를 원했습니다. 정말로 주님을 기뻐하며, 주님이 그들의 삶 속에 살아 역사하시는 것을 경험하는 그리스도인 그룹과 함께 하는 일은 참으로 좋왔습니다. 어떤 아이들은 대학교에서 왔고, 다른 아이들은 그냥 도시에서 사는 아이들입니다. 교회 사람들은 제게 저녁을 대접해주었고, 좋은 교제의 기회에 초대해주었습니다. 여러 가지 면에서 정말 도움이 되었습니다. 물론 저의 부모님이라면 이 교회를 선택하지 않을 것이 확실하지만, 분명 이 교회는 저에게 큰 도움이 되었습니다. 그들은 음악과 연주에 꽤 열정적이었기에, 매주 예배를 드리면서 장례식장에 가는 것 같은 느낌(?)을 받지 않을 수 있었습니다.

참으로 저를 괴롭힌 일들 가운데 하나는 많은 사람들이 저의 부모님이 선교사이기 때문에, 저 또한 선교사가 되는 예비과정으로 여기 대학에 다녀야 한다고 말하는 것입니다. 그것은 제 계획 속에 털끝만큼도 없는 생각입니다. 물론 제가 다른 분들의 생각에 무조건 반대한다는 뜻이 아닙니다. 다만 부모가 선교사라는 이유만으로 저 또한 그들처럼 꼭 선교사가 되어야 한다고는 생각지 않는다는 말입니다. 저는 선교사 자녀들이 선교사가 되는 일은 매우 쉬운 일이라고 생각합니다. 왜냐하면 그들은 자기들이 그것을 위해 본국을 떠나왔다고 생각하기 때문입니다. 사실 그들에게 가장 쉬운 일은 그들이 알고 있는 문화와 언어로 되돌아가는 것입니다. 저는 선교사 자녀들이 선교사로 부르심 받는 데에 있어서 다른 그리스도인들보다 더 강한 부르심이 필요하다고 생각합니다. 왜냐하면 선교지로 가는 것이야말로 그들에게는 가장 쉬운 일이기 때문입니다. 저는 자기가 할 수 있는 다른 일들이 그리 많지 않기 때문에 선교지로 돌아온 많은 선교사 자녀들을 알고 있습니다. 그리고 그 사실이 제가 가진 확신을 더욱 확증해줍니다.

저는 스스로 모든 것을 마련해야 합니다. 현재 대학에 다니고 있는 동안, 저는 앞으로 부모님과 그리 밀접한 관계를 나누지 못할 것이라는 사실을 잘 알고 있습니다. 저는 장학금으로 학비를 충당하고 있습니다. 부모님은 저를 대학에 보낸 사실만으로 부모의 도리를 다했다고 생각하십니다. 이제는 제 힘으로 학업을 감당해야 합니다. 어떤 분들이 남몰래 저를 돕고 있지만, 저 또한 나머지 비용을 충당하기 위해서 아르바이트를 하고 있습니다.

물론 주님이 제게 많은 도움들을 베푸셨습니다. 특별히 지난 몇 년간 제가 겪은 모든 일들을 통해서 저의 그리스도인으로서의 삶은 많이 성숙할 수 있었습니다. 저는 정말 주님을 위해 살고 싶습니다. 하지만 저의 부모님이 저를 선교지로 데려가심으로 인해 제가 놓친 삶을 되찾고 싶은 마음도 있습니다. 저는 할아버지와 할머니를 친밀하게 알 수 있는 기회를 놓쳤습니다. 친할아버지는 제가 고등학교 시절 기숙사 학교에 있을 때 돌아가셨습니다. 저는 그 사실이 항상 안타깝습니다. 저는 항상 그분을 생각합니다. 그분이 얼마나 그리운지 모릅니다. 할아버지는 참으로 놀라운 분이셨습니다. 또한 실로 위대한 그리스도인이셨습니다. 또 외할아버지는 지금 너무도 병약하셔서 양로원에서 돌봄을 받고 계십니다. 저를 알아보지도 못하십니다. 할머니는 너무도 멀리 계셔서, 앞으로 할머니와 함께 하는 시간을 가질 수 있을지 모르겠습니다.

주님의 은혜로 저는 대학을 마칠 수 있을 것이며, 교사로서 직업을 가지고 도시 근교에 살면서 한 아내와 어머니로 정착할 수 있을 것입니다. 제가 20여년 전에 꿈꿔왔던 삶이 바로 그런 것이었습니다. 그러나 바로 지금이야말로 제 삶을 향하신 하나님의 뜻을 발견할 시간입니다. 그동안 부모님들이 제게 떠안겨주셨던 그 경험들로부터 무언가를 배웠기를 소망합니다. 그에 대해 원망하는 마음은 없습니다. 그러나 마치 누군가 제 의사와 상관없이 제 삶을 조정해놓은 것같이 느껴지는 것이 솔직한 마음입니다. 저는 그런 사실로 인해 매우 괴로워하며 원망하는 선교사 자녀들을 알고 있습니다. 어떤 아이들은 하나님과 자신의 부모님에 대해 분노하는데, 회복될 가망이 없어 보입니다. 그런 일이 제게 일어나지 않도록 기도합니다. 아무리해도 과거를 바꿀 수 없다는 사실을 잘 알고 있습니다. 그러나 오직 하나님의 은혜로 말미암아 제게는 미래가 밝게 보입니다.

감사합니다.

추신: 제게 놀라운 부모님을 주신 주님께 저는 진심으로 감사를 드립니다.

Letter 7
제 7장
안식년으로 귀국한 선교사

특별히 사랑하는 친구들에게

　본국에 있은 지 거의 1년이 되었기에 이제 선교지로 돌아갈 시간이 되었습니다. 우리는 마음에 특별한 기대와 목적들을 가득 품은 채 선교지를 떠나왔습니다. 그러나 그러한 기대와 목적들은 거의 이루어지지 않았습니다. 본국에서 보낸 시간들의 결과가 그리 만족스럽지 않기에, 실망스럽고 낙심될 뿐입니다. 선교지를 떠나기 위해 짐을 꾸릴 때에는 대단히 피곤한 상황이었지만, 비행기를 타고 집으로 향할 때에는 큰 기대에 마음이 들떠 있었습니다.
　선교지를 떠나올 때, 이 1년이 우리 온 가족에게 매우 유익한 시간들이 될 것이라고 기대했습니다. 우리 자녀들은 어린 소년 소녀들이 아니라, 이젠 어엿한 청년들로서 본국을 둘러볼 것이었기 때문입니다. 우리는 우리를 위해 기도해주고 후원해주셨던 분들을 방문할 계획이었습니다. 전국의 그리스도인들에게 우리의 사역을 나누는 기쁨은 너무도 분명해 보였습니다. 선교지에서 쉬지 않고 계속 사역해왔기에, 이제 조금 쉬어야 할 필요성은 너무도 분명했습니다. 우리가 섬기고 있는 선교지의 다른 사람들에게 관심을 가져야 한다는 생각이 매우 강했지만, 그러나 그것은 생각에만 그쳤습니다. 우리가 가지고 돌아갈 물품을 구매하는 일도 우리가 수행해야 하는 일 중 한 부분이었습니다. 비록 우리가 선교 사역에서 벗어나 있는 것이 마음에 걸리긴 했지만, 그러나 그것이 우리가 할 수 있는 최선의 일이었습니다. 주님이 우리의 걸음을 인도하시는 것이 분명했습니다.

우리는 20년 이상 선교에 헌신해온 선교사입니다. 이번이 우리에게는 다섯 번째 안식년인데, 확실히 지금까지와는 사뭇 다른 것을 느낍니다. 우리의 1년이 가능한 대로 긍정적으로 활용되기를 바라는 마음으로 우리가 방문하기를 원하는 교회들에 편지를 쓰고, 국내 여러 지역의 중요한 분들과 서신교환을 하는 데에 많은 시간을 들여왔습니다. 여행을 위한 자동차를 구입하고, 1년간 우리 아이들에게 필요한 학습용 책들을 찾아보고, 우편물을 정리하고, 건강검진을 위한 예약을 하고, 앞으로 1년 동안 시간을 어디에 사용할 것인지 계획하는 것 등은 비교적 쉬운 장애물에 속했습니다. 주님은 우리 앞서 이런 일들을 예비해주셨습니다.

우리가 미처 생각해보지 못한 것은, 그런 것이 아니라 그토록 많은 사람들의 일관된 반응이었습니다. 교회가 그토록 선교에 대해 무지한지 몰랐습니다. 지난번 안식년 때에는 꽤 많은 사람들과 유익한 시간들을 보낼 수 있었고 또한 여러 교회에서 집회를 가졌습니다. 우리는 선교에 대한 일반적인 사항들과, 우리가 하고 있는 사역에 대한 세부적인 사항에 이르기까지 날카로운 질문들을 접했었습니다. 선교 수양회에 많은 사람들이 참석하고, 또한 수양회가 신중하게 계획되는 것을 보았습니다. 많은 성도들의 가정에 머물면서 얼마나 큰 기쁨을 누렸는지 모릅니다. 정말이지 우리 온 가족에게 매우 유익한 시간들이었습니다. 그랬기 때문에 우리는 이번 안식년에도 큰 기대를 걸었던 것이었습니다.

본국에 도착하자마자 우리는 즉시 스케줄 문제로 연락을 주고받던 중요한 분들에게 연락을 취했습니다. 그러나 여러 대도시에 계획된 집회는 기대보다 적었고, 그저 궁색한 변명조의 해명만 접하게 되었습니다. 대부분의 모임들이 주일 저녁 집회를 거의 갖고 있지 않다고 둘러댔으며, 더구나 많은 교회들이 수요 기도집회와 성경 공부 대신에 가정 성경 공부 그룹들을 운영하고 있다는 것이었습니다. 다른 교회들은 수요집회에 참석하는 사람들이 너무 적어서, 선교 보고를 위한 집회는 그다지 쓸모없겠다고 했습니다. 주일 아침 예배 시간은 성경공부에 할애되어 있기 때문에 선교 보고는 15분 설교 시간이 끝난 후에야, 그것도 10분 정도만 하는 것으로 제한되어 있었습니다. 어떤 때에는 그 10분 보고시간 말고는, 더 이상 아무것도 없는 경우도 있었습니다. 또한 어떤 교회는 주일 예배 시간이 길게 잡아야 45분밖에 되지 않았습니다! 선교보고가 이왕에 준비된 교회 프로그램을 방해한다고 못마땅하게 여기는 목회자들도 있었습니다. 선교지에서는 사람들이 예배를 위해서 1시간이나 그 이상의 시간을 걸어서 참석하기에, 보통 2시간 내지 3시간 정도의 집회 시간에 익숙한 우리로서는 본국의 시간 활용에 적응하기가 쉽지 않았습니다.

1년 계획을 다시 재조정하면서, 우리가 왜 본국에 안식년 보내려 왔을까 하는 의구심이 들기 시작했습니다! 원래의 계획은, 적어도 1주일에 한번은 우리 사역의 짐을 나누는 집회를 갖는 것이었습니다. 하지만 이내 우리는 집회가 전혀 없는 많은 나날을 보내야 하는 현실에 직면했습니다! 우리가 그토록 잘 알고 있다고 생각한 교회들에 엄청난 변화가 일어난 현실에 전혀 무방비 상태라는 것도 알게 되었습니다. 지난 5년 동안 이처럼 엄청나게 변했다는 것을 어떻게 아무도 우리에게 알려주지 않았을까요? 사람들이 편지를 써서 알렸지만, 우리가 이런 시대의 표적들을 그냥 간과해 버렸던 것인가요? 올해를 본국에서 보낸 후의 결과들을 생각할 때면, 우리의 마음은 무겁게 내려앉았습니다. 어떻든 "휴식"을 얻게 될 것은 분명했습니다. 일주일에 단지 몇 번의 집회를 갖는다는 것은 꽤 오랫동안 "비가동 시간(즉 무료한 시간)"을 다루어야 한다는 것을 의미했습니다. 주님은 우리에게 이러한 종류의 "휴식"*이 필요하다는 사실을 알고 계셨을 것이 분명합니다.

선교사 가족들이 자기 집에 묵기를 원하는 가족은 소수였으며, 따라서 숙박을 위한 모텔과 아파트를 임대하기 위한 예약과 관련해서 연락이 왔습니다. 모텔에 앉아서 날마다 서로를 바라보며 우리가 지금 이곳에서 뭘 하고 있는가 하며 놀라기까지는 몇주 걸리지도 않았습니다. 어떤 때에는 서로를 붙들고 울기도 했고, 또 어떤 때에는 다만 무릎을 꿇고 교회를 위해 기도하곤 했습니다. 선교

---

* 역자주: 주님이 아시고 허락한 시간이 아니라면, 지금 이러한 시간들이 너무도 끔찍하고 비참하다는 뜻.

를 위한 집회는 간헐적으로 있었고, 또 초청해주는 교회도 거의 없었기 때문에 여기저기 여행다닐 걱정을 할 필요가 거의 없었습니다. 가정을 방문해서 사람들을 개인적으로 만나고, 함께 식사를 즐기며 선교에 대해 이야기할 기회가 없다는 사실은 우리를 가장 낙심케 하는 일 중 하나였습니다.

우리 아이들은 다양한 여러 가정의 아이들을 만날 것을 얼마나 고대했는지 모릅니다. 물론, 아이들은 모텔의 수양장에서 나름대로 즐거운 시간을 보내긴 합니다. 그러나 우리가 경험하고 있는 낙심으로부터 그들을 보호하고자 하는 우리 자신을 발견하곤 했습니다.

몇 차례 집회에 참석하긴 했지만, 말씀을 나누거나 선교 보고를 할 기회는 없었습니다. 물론 우리를 따뜻하게 환영해주었고, 베테랑 선교사로 소개해주기도 했습니다. 우리가 방문해줘서 매우 고맙다고도 했습니다. 하지만 우리는 그곳에 왜 갔던 걸까요? 물론 우리가 말씀을 전할 기회를 얻지 못한다 해도 하나님의 백성들과 함께 하는 것만으로도 행복한 일이기는 합니다. 더 심한 일도 있었습니다. 1년 전부터 계획 가운데 있었던 교회였는데, 다만 미리 계획된 성경공부 주제에 대한 말씀이 아니라고 해서, 전혀 아무런 시간도 할애해주지 않았습니다. 두세 번의 기회가 있긴 했지만, 선교에 대한 마음의 부담을 나누기엔 턱없이 부족한 시간이었습니다. 결국 우리는 우리를 파송한 교회에 돌아가는 것이 낫겠다는 생각을 했고, 대부분의 안식년 기간을 그곳에서 보냈습니다.

우리의 마음은 주님의 사역으로 가득했지만, 몇몇 교회에서만 선교 보고와 정보를 나누었습니다. 어떤 교회는 선교사역에 대해서 질의응답하는 시간이 무엇을 의미하는지조차 모르는 것 같았습니다. 사람들은 우리가 어디서 왔는지 물었으며, "거기가 어디죠?"라는 질문이 뒤따랐습니다. 그들은 다른 것들은 상관하지 않고, 그저 날씨가 어떠냐고 묻곤 했습니다. 우리는 그저 인사치례로 하는 "잘 지내시지요?"라는 인사가 끝난 후 우리가 무슨 일을 했는지 질문을 받았습니다. 한 시간 남짓한 시간 안에 선교지에서 주님이 이루신 모든 일을 나누려고 애쓰는 만큼 절망감은 더욱 컸습니다. 또한 대부분의 사람들이 그저 "잘 지내시지요?"라는 인사에 대한 대답을 듣는 것 외엔, 그 어떤 대답도 듣기를 원치 않는다는 사실을 알게 되었을 때에는 가슴이 무너져 내렸습니다.

우리는 선교나 성경에 나타나 있는 중요한 주제에 관해 진지하게 토론하고 싶었습니다. 우리는 줄 수 있는 많은 것들을 가지고 있다고 느낍니다. 사실 대부분의 교회는 성경의 깊이 있는 가르침에 굶주려 있었습니다. 그들이 그토록 못이 박히게 들어온 것들은 얕은 가르침이었으며, 스포츠나 정치, 또는 우리의 현세적인 필요들을 만족시키는 것들에 대한 이야기들뿐이었습니다. 그래서 우리의 마음은 참으로 무겁습니다. 이러한 느낌은 다음 안식년까지 우리가 져야할 하나의 짐이 될 것입니다. 그렇다면 우리는 무엇을 해야 할까요? 이렇게 말하는 것이 육신적이고 영적이지 못한 것으로 보입니다만, 우리가 교제비로 받는 돈의 액수가 우리의 안식년의 비용에 미치지 못하기 시작했습니다. 우리를 초청해주는 교회의 집회가 너무도 적었기 때문입니다. 숙박비, 연료비, 음식비, 톨게이트 비, 자동차 수리비, 그리고 자녀들과의 시간을 위한 비용 등 필요한 돈은 한도 끝도 없습니다. 현재 하루하루 살아가는 비용조차도 간신히 감당하고 있는데, 과연 우리가 선교지로 돌아갈 항공료를 지불하실 수 있을지 서로 얼굴만 쳐다볼 뿐이었습니다. 그러나 우리는 주님이 모든 것을 예비하시고, 놀라운 방법으로, 또 어떤 경우에는 매우 이상한 곳으로부터 우리 필요를 공급해 오셨던 사실을 상기했습니다. 그렇습니다! 우리는 위대하신 하나님을 섬기고 있습니다. 우리는 주님 안에서 위로를 받아왔습니다.

 어떤 교회들을 방문할 때면, 우리는 선교에 대한 교회의 관심 수준을 보며 놀라곤 합니다. 선교 게시판이나 선교지도를 보며 이 교회가 파송한 선교사는 누구이며 또 후원하는 선교사는 누구인지를 알아내는 것은 특이한 일이 아니었습니다. 다시 말하지만 선교사들에 대한 관심이 부족하거나 선교사의 활동에 대한 최신 소식을 확보하지 못하고 있는 현실에 오히려 우리는 충격을 받습니다. 교회 게시판에 걸려 있는 사진들이 적어도 10년 전 사진이라는 것은 그다지 놀랄 만한 일이 아닙니다. 오히려 게시판에 걸린 사진 중 가장 오래된 것은 거의 20년 정도는 되지 않았을까 하는 생각이 들 정도였으니까요. 사진에는 아이들이 대충 3-4살 정도 되어 보이는데, 현재 그들은 막 대학을 마쳤습니다. 몇몇 사진들은 지금은 선교지에서 은퇴한 선교사들의 사진이었고, 또 어떤 사진들은 이미 천국에 들어가 영광 중에 계신 선교사들의 사진들이었습니다. 이 선교사들이 본국에 와서 그토록 오래된 자신들의 사진을 보지 않았으면 좋겠다는 생각이 들었습니다. 게시판에 게시된 어떤 선교 편지는 2년은 지난 것 같아 보였습니다. 과연 이 교회는 이러한 선교 정보들을 가지고 사람들에게 선교를 위해 기도하도록 격려하였을지 의심스러울 따름입니다. 또한 우리는 많은 사람들이 세계 선교의 필요를 이해하도록 돕는 〈세계 기도 정보〉*라는 책에 대해 한 번도 들어보지 못했다는 사실도 발견했습니다.

때때로 우리는 아무나 가져가도록 테이블에 놓아둔 재정 보고 사본을 보곤 합니다. 실망하지만 않는다면, 선교비 지출과 교회의 필요를 위한 지출과의 관계는 매우 흥미롭습니다. 선교 후원이 진짜로 부족하다는 것을 발견했습니다. 연간 재정보고에 따르면 심지어 지역 교회의 전임 사역자들조차도 정기적인 사례비를 받지 못하고 있음을 볼 수 있었습니다.

분명 선교사로서 우리에게 있는 가장 큰 필요는 기도 후원입니다. 거의 1년 전에 우리가 본국에 도착했을 때, 기도는 우리의 가장 큰 관심사였습니다. 그러나 이 점에 있어서 몇 가지 사항들이 우리의 시선을 끌었습니다. 집회에서 선교사들로부터 정기적으로 보고서를 받아서 읽거나, 선교사로부터 온 편지나 선교 소식들을 읽는 기회가 적다면, 선교 소식들이 성도들에게 미치지 못하게 되고, 결국 선교를 위한 그들의 기도는 극히 미약하거나 피상적일 수밖에 없습니다. 우리는 집회 시간에 어떤 성도가 하는 기도를 들었는데, 그러한 중보 기도는 이제는 할 필요가 없는 기도였습니다. 아마도 우리가 선교지에서 경험하는 문제들과 영적인 연약함은 모두 본국에서의 효과적인 기도의 부족과 직접적으로 연결되어 있는 것 같다는 생각이 절실히 들었습니다. 심지어 교회의 목회자와 인도자들조차도 계속 똑같은 내용의 기도를 되풀이하고 있었습니다.

---

* 역자주 - 전 세계 2,900여 선교 단체를 통해 매우 실제적인 자료를 수집하여 세계 복음화에 대한 선교 정보 및 자료들을 제공하는 책이며, WEC 국제 선교회에서 발행하는 책으로 선교 정보 및 선교사역에 대한 교과서와 같은 책.

우리를 낙심케 하는 또 다른 요소는 선교 집회의 부족을 들 수 있습니다. 1년 동안 우리는 선교와 직접적으로 관련 있는 집회는 겨우 네 개만 참석했을 뿐입니다. 도대체 지난 5년 동안 무슨 일이 있었길래 이렇게 되었는지 궁금했습니다. 그래서 물었더니, 많은 지역별 선교 집회가 재정 부족으로 취소되었다는 말을 들었습니다. 이러한 집회가 사라진다는 것은, 일군들을 절실히 필요로 하는 선교지상황을 국내 성도들에게 알리는 기회조차 없어지는 것을 의미했습니다. 우리는 많은 사람들에게 선교에 대한 관심을 고양시키고, 또한 "와서 우리를 도우라"는 메시지를 통해 성도들을 격려하기를 소망해왔습니다. 하지만 우리는 아무런 소망도 없이 돌아가게 되었습니다.

또한 우리는 우리를 돕고 있는 몇몇 선교 단체들의 운영 방침에 대해서도 관심이 있습니다. 선교 단체들은 지금 선교지에서 일어나고 있는 변화들에 대해 민감하지 못한 듯이 보입니다. 선교지의 상황은 40년 전과 같지 않습니다. 20년의 세월은 여러 선교 단체들의 방침과 관계들에서 뿌리깊은 차이를 만들었습니다. 어떤 때 그들은 우리가 일하고 있는 곳에서 무슨 일이 일어나고 있는지조차도 파악하지 못하는 것 같습니다. 선교에 대한 그들의 개념은 종종 지난날에 대한 그리움이나 아니면 특별한 방법론적 이론으로 채색되어 있습니다. 선교는 그저 야자나무 그늘 아래 앉아서 사람들이 복음을 듣기 위해 나아오기만 기다리는 것으로는 절대로 이루어질 수 없습니다. 우리 선교사들은 성경이 명령하고 있는 것처럼, 그리스도의 몸의 다른 지체들과 함께 일할 필요가 있습니다. 하지만 그들은 어째서 자신들을 구별하여 내 편과 네 편으로 가르고자 하는 걸까요? 우리가 섬기고 있는 선교지에 온 여러 선교사들은 우리처럼 신약교회의 원리를 따르는 교회에서 천거되었지만, 그들은 우리와 같지도 않고 전혀 남과 같이 행동합니다. 같은 교회에서 파송된 선교사들이 함께 섬기고자 하지 않을진대, 어떻게 부족민들이 그리스도의 몸의 하나됨을 알 수 있단 말인가요?

네, 그렇습니다. 이제 1년이 거의 끝나갑니다. 우리 자녀들은 그럭저럭 잘 견뎌냈지만, 그들은 우리 마음이 크게 상했다는 것을 잘 알고 있습니다. 우리가 원했던 것들의 목록은, 선교에 대한 관심과 흥미가 전혀 없는 듯한 태도와 행동들을 여러 차례 직면하면서 벌써 포기해버린 지 오래입니다. 다음번 안식년에는 우리 자녀들을 대학에 진학시키는 일을 추진해야 합니다. 또한 그때까지 주님이 재림하시지 않는다면 그 시간을 어떻게 보내야 할지 막막하기만 합니다.

저는 당신이 선교사로부터 이러한 편지를 받는다는 것을 전혀 생각도 못해봤다는 사실을 알고 있지만, 우리의 솔직한 감정들을 표현하는 것이 필요하다는 생각이 들었습니다. 대부분의 그리스도인들은 선교사들의 삶과 사역에서 성공과 성취에 대한 보고를 듣는 데에만 익숙해져 있습니다. 만일 우리가 좌절과 실망에 대한 이야기를 나눈다면, 많은 사람들이 우리를 선교사역에 부적합한 사람들로 여기겠지요. 그래도 우리는 주님의 뜻 가운데서 미쁘신 하나님을 섬기고 있음을 또다시 확인하면서 우리를 부르고 있는 영적으로 굶주린 선교지 공동체로 돌아갑니다. 선교에 대해 점점 더 관심을 잃어가며, 선교에 대한 관심을 고양시킬 기회가 희박해진 본국의 여러 교회들을 뒤에 남겨두고 떠나가야 한다는 것을 알고 있습니다.

　네, 우리는 당신의 기도가 필요합니다. 또한 우리를 위해 정기적으로 기도해주겠다는 당신의 약속에 감사하는 마음을 가지고 돌아갑니다. 우리의 마음은 좀 복잡합니다. 우리는 참으로 엄청난 기대를 가지고 본국에 왔었지만, 이제 산산이 부서진 기대들을 떠안고 떠나야 합니다. 우리의 소망은 우리가 사랑하고 섬기는 주님 안에 있습니다. 우리는 주님만이 절대적으로 신뢰할만한 분이심을 또 다시 배우고 있습니다. 죽어가는 세상의 구원을 위한 그분의 명령에 순종하며 섬기는 섬김 가운데 우리는 여전히 남아 있습니다.

　주님의 소유된 백성으로 함께 섬기는 기쁨을 알게 해준 당신의 친구로부터

추신: 사실 저는 이렇게 써서는 안 된다는 생각이 들었지만, 이러한 생각들은 지난 1년 동안 끊임없이 솟아나왔습니다. 저는 집회에서나 수양회에서는 이런 것들을 나눌 수 없었습니다. 대다수의 사람들이 이해하지 못할 것이 분명하기 때문입니다. 지난 수년간 우리가 가진 특별한 축복 중 하나는 우리 마음을 당신에게는 열어 보일 수 있다는 것이었습니다. 당신은 변함없이 우리를 사랑하고, 우리가 아직까지 주님께 유용한 존재라고 느끼게 해주는 사람 중 하나입니다. 그들의 기준선에 미치지 못할 때 우리를 해고한 다른 많은 사람들의 경우와는 다릅니다. 우리 역시 인간이며, 표현했을 때에 당하게 될 거부 때문에 미처 표현하지 못하는 생각들을 갖고 있습니다. 우리는 잘 압니다! 그러한 거부가 얼마나 아프고 괴로운지. 끝까지 경청해 주셔서 감사합니다.

Letter 8
제 8장
어머니가 된 선교사

그리운 안네에게

  이 편지를 쓰면서 미안한 마음이 앞서는 것은 사실이지만, 이 외에 달리 할 수 있는 일이 무엇인지 모르겠구나. 우리는 지난 12년 간 선교지에서 살아왔지만 여전히 나 자신이 선교사라는 생각이 들지는 않아. 지금 내가 하고 있는 모든 일들은 전에 집에서도 할 수 있었던 일들 뿐이야. 나는 전혀 선교사가 아니야! 일이 어떻게 된 건지 처음부터 말해줄게.

  우리가 작은 소녀로 함께 교회에 다니던 시절을 기억하겠지? 선교사들이 교회에 오셔서 그들 사역에 관한 슬라이드 필름을 보여주었잖아. 우리는 선교사가 되는 일에 대해 온종일 대화를 나누었지. 그 당시 그것은 우리에게 너무도 흥분되는 일이었고, 주님이 우리를 아주 먼 나라에 가서 섬기도록 우리를 부르실 것으로 알았지. 너도 나도 다 그 일이 참된 영적인 헌신의 씨앗을 뿌리는 어릴 적 소녀들의 대화였음을 알지. 실제로 그렇게 되기를 얼마나 소원했었니? 심지어 결혼도 하지 않고, 평생 미혼으로써 "처녀 선교사"로 함께 섬기자는 이야기도 했었잖아. 정말 얼마나 엄청난 꿈들이었는지!

나는 주일학교에서 선교사가 되는 것에 대해 우리에게 말씀을 전해주었던 "노(老) 자매님들"을 지금도 또렷이 기억해. 그분들은 너무 늙어보였지만 그들은 주님을 놀랍도록 섬기는 것에 대해 설명해주셨지. 뒤돌아보니, 차라리 미혼인 채로 선교사가 되는 것이 더 좋았을 걸 하는 생각도 들어. 이 두 사건을 통해서 나는 분명히 소명을 느꼈어.

하지만 무슨 일이 일어났는지 너도 잘 알겠지. 다른 대학에 가게 되면서 우리는 서로 헤어지게 되었고, 그리고 각자 멋진 남성들을 만나게 되었지! 너랑 벤은 결혼한 이래로 15년 이상 정말 잘 지내고 있구나. 너는 우리가 어린 소녀였을 때, 아직 선교사가 되는 것에 대해서 생각하기 전에 나누었던 이야기대로 모든 것을 갖고 있구나. 우리가 한 남자에게서, 그리고 우리 삶에서 원했던 것들을 기억하고 있겠지? 너는 정말 멋진 가정을 가지고 있어. 남편 직장 좋지, 자동차와 미니 밴에다 보트, 그리고 여유로운 휴가 시간도 가지고 있지. 네 삶은 정말 완벽해 보여. 아이도 둘 있고, 또 애들이 원하는 모든 것들을 언제라도 줄 수가 있잖니. 너는 직장에 나가서 일할 필요도 없고, 아이들과 함께 많은 시간을 보낼 수도 있지. 앤, 나는 정말이지 네가 부럽구나!

이제 주님이 우리를 불러 하고자 하셨던 일들에 대해서 생각해보

자. 조는 참으로 훌륭한 아빠야. 애들 넷은 다 잘 생겼어. 하지만 여기서 우리는 그저 수풀 안에 내버려져 있고, 내 마음은 너무도 자주 어린 시절로 돌아가곤 한단다. 물론 이런 생각을 하는 것이 옳지 않다는 것은 알지만, 내가 어렸을 때 보았던 선교 사역의 비전과 우리가 결혼할 당시 가지고 있던 비전은 이미 산산조각 났단다.

나는 진짜로 진실되게 선교사가 되겠노라고 헌신했던 때를 기억해. 하나님이 일하고 계셨고, 나도 일하고 있었지. 나는 주님이 선택하신 곳은 언제라도, 또 어느 곳에라도 가서 섬길 준비가 되어 있었어. 정말이지 선교사가 되는 일에 완전히 헌신했었어. 조 또한 마찬가지였지. 우리가 서로 데이트를 할 때에도 선교에 대해서만 이야기했던 것 같아. 주님을 함께 섬기고 있을 모습으로 생각이 가득했었지. 우리는 선교사가 되는 것에 기초해서 인생의 계획과 결정을 내렸어. 다른 것은 생각할 수가 없었지. 현재 지금의 모습은 꿈도 꾸지 않았어. 우리는 그때 자동차나 집, 그리고 그와 같은 것들은 아예 쳐다보지도 않았단다. 결혼 전에는 정말 그랬어.

조는 참으로 능력 있는 개인 사역자였고, 나는 여성들에게 성경공부를 인도하도록 주님이 부르셨다고 느꼈어. 내 모든 시간을 들여 성경공부 자료를 준비하고, 성경 공부를 인도하고, 많은 자매들을 제자 삼고, 삶과 결혼, 자녀들, 그리고 교회와 가정에 대해 대화를 나누면서 할 수 있는 모든 일을 다했었지. 하지만 선교사로 부르시는 소명을 위해서 준비하고 헌신하는 일에 더 많은 시간을 들이지는 못했어.

조 또한 개인 사역을 감당하기 위해 자신의 은사를 계발하는 일에는 정말 열심을 다했어. 우리가 처음 만났을 때, 그는 유능한 설교자는 아니었지만 정말 열심히 노력했고, 이제는 정말 설교를 잘한단다. 그는 대화를 나누고픈 참으로 멋진 사람이고, 쉽게 사귈 수 있는 사람이란다. 내가 그를 그토록 사랑하고, 또 그이와 함께 위대한 팀을 만들기로 결심한 이유도 바로 그거였어. 정말 얼마나 근사했던 시절이었는지 몰라.

결국 대학을 졸업하자마자 우리는 결혼을 했고, 우리의 모든 생각은 가능한 빨리 선교지에 가는 것이었지. 주님이 우리를 부르신 것은 너무도 분명했거든. 우리는 준비하는 일에 최선을 다했어. 그리고 결혼한 부부가 되어 선교지로 갈 만반의 준비를 하기 시작했지. 주님은 우리가 어디로 가야할지 큰 소리로 말씀하실 필요가 없으셨어. 우리는 곧바로 동의할 준비가 되어 있었거든. 조금도 걱정이나 염려 따윈 없었지. 우리 교회는 우리를 파송하는 일에 적극적이었어. 돌아보건대 우리의 꿈이 실현되었음을 깨닫게 된다. 어린 소녀 시절 우리가 이야기했던 그 꿈이고, 조와 내가 계획했던 그 꿈 말이야.

너는 우리에게 항상 잘해주었지. 네가 항상 나에게 주었던 격려들은 절대 잊지 못할 거야. 너희 부부와 우리 부부 네 사람은 참으로 멋진 친구들이지. 우리는 너희의 축복과 기도를 받고 떠나왔지. 그 후로 우리는 네가 어디로 가 있는지, 또 무엇을 하며, 어떻게 살아갈지 사실 전혀 생각도 못하고 지내왔어. 내 생각으로는 그래도 우리 모두는 주님이 우리를 인도하시는 방법에 대해 행복해한다고 생각해. 하나님의 인도하심은 너희와 우리에게 완전하리라 보여. 주님이 비록 너를 해외로 부르시지 않았다 해도, 선교에 대한 너의 관심은 조금도 줄지 않았다고 생각한다.

우리가 처음 이곳에 도착했을 때, 참으로 놀라운 시간들을 가졌단다. 우리는 이 모든 것들에 대해 대화를 나누며 기쁨에 찬 웃음을 나눌 수 있었지. 그리고 신앙 너머에도 재미있는 것들이 참으로 많다는 사실을 알게 되었어. 그에 대해서는 편지를 쓰지 않았지. 왜냐하면 편지를 쓴다 해도 아무도 믿지 않을 것 같았거든. 우리가 먹어야 했던 음식들은 정말 끔찍했단다. 사방에는 온통 뱀과 벌레들로 가득했고. 아마 너랑 이야기한다면, 밤새도록 웃고 떠들어댈 거야. 또 처음 몇 년 간 우리는 경외스러운 경험들도 했단다. 하지만 그런 것들은 세상에 알리고 싶지는 않구나.

아이고, 이야기가 자꾸 딴 데로 가네. 하려는 이야기는 너에 관한 것이 아닌데. 네가 가족을 갖게 되었고, 또 출산하게 되었다는 소식을 들을 때마다 얼마나 기뻤는지 몰라. 얼마나 완벽한 가족이니!

하지만 내 경우는 영 다른 이야기야. 네가 놀랄지도 모르겠지만 말이야. 우리가 안식년을 국내에서 보낼 때, 나는 선교사의 아내의 역할만을 해야 했단다. 아이들도 그저 착하고 좋은 아이들처럼 굴어야 했고. 우리는 사람들에게 전시용이었고, 지금까지 마음에 쌓여온 감정들에 대해서는 아무와도 이야기를 나눌 수가 없었어. 나는 대단히 경건하고 거룩하게 보여야만 했거든.

조금 더 말할게. 내가 이런 편지를 쓸 수 있는 사람은 너밖에 없어. 네가 여기 있었으면 하고 얼마나 바랐는지 몰라.

이곳에 막 정착하면서 나는 그동안 꿈꾸어온 인생의 꿈을 펼치기 시작했지. 우리는 계획했던 대로 함께 사역을 시작했단다. 남편은 즉시 언어를 배우기 시작했고, 나는 짧은 언어 실력으로 성경공부를 갖고자 애썼지. 그리고 어떻게든 그 일을 계속해 나갔고.

　우리는 결혼하기 훨씬 전부터 아이를 갖기로 결정했었어. 그래서 빌이 탄생하게 되었고, 우리에게 큰 기쁨을 선사해주었지. 이어서 제니스가 태어났고, 그 뒤로 쌍둥이가 태어났지. 그리고 아이들이 내 삶을 완전히 뒤바꿔놓았단다! 그리고 그것이 문제의 뿌리가 되었던 것 같애.

　주님이 나를 부르신 일을 성취하고 있다고 생각했어. 공부하고, 가르치고, 상담하고, 심방하는 일로 내 하루 일과는 꽉 차있었거든. 그보다 더 행복할 수는 없었을 거야. 그런데 지금은 내 자신의 경건의 시간조차 갖지 못하고 있어. 아직 현지 언어도 몰라. 문화를 이해하지도 못하고 있고. 내가 하는 일은 아이들을 돌보는 일이 전부야. 애들 돌보고 남편 시중들다 보면 눈 뜨고 있는 시간들이 다 가버려. 정말이지 생각만 해도 끔찍한 일이라는 것을 알고 있지만, 내가 이러한 상황 가운데 처하게 될 줄은 전혀 생각해보지도 못한 일이야. 물론 우리는 자녀들을 낳을 계획을 했었지. 몇 가지 이유로 둘 다 할 수 있을 거라고 생각했거든. 우리가 소녀시절에 나누었던 대화들을 생각해봐. 하지만 나는 내가 아이들을 낳음과 동시에 "선교사"이기를 그만두어야 한다는 사실을 미처 깨닫지 못했던 거야. 이 말이 끔찍스럽게 들릴 수 있다는 것을 알지만, 그래도 이게 현재 내가 느끼고 있는 바야.

　참으로 나를 괴롭히고 있는 일은, 그럼에도 조는 여전히 자신의 꿈을 이루고 있다는 거야. 그이는 날마다 나가서 사람들을 만나 이야기를 하고, 그들이 구원받는 것을 보고, 그들을 격려하고, 그들을 심방하며, 언어를 배우고, 또 그들을 가르치고 있어. 이제 사람들은 그이가 자기 부족민처럼 말한다고들 해. 그이는 여기 와서 하려고 했던 모든 일들을 하고 있어. 하지만 나는 내가 하려고 했던 일들을 하나도 못하고 있구. 우리 모두가 선교사는 아니야. 조는 선교사일지 모르지만 확실히 나는 아니야. 내가 할 수 있는 말은 고작 열두 마디 정도뿐이야. 전에 배웠던 말들은 대부분 잊어버렸고, 집에서 일하는 여자 아이 하나가 내가 만나는 유일한 이곳 사람이란다.

어린 빌리가 태어났을 때, 빌은 우리에게 얼마나 큰 기쁨과 만족을 주었는지 몰라. 우리는 빌리를 위해 기도했고 그를 주님께 드렸어. 제니스에게도 그렇게 했고. 하지만 쌍둥이를 위해서는 하나도 준비가 안 되었던 같아. 아들 하나 딸 하나였을 때 우리는 진짜 행복한 시간을 가졌었어. 하지만 주님은 쌍둥이를 우리에게 주시고야 말았어. 물론 아이들은 사랑스러웠고, 우리는 아이들을 끔찍이 사랑했지만, 나는 선교사역을 할 수가 없었어. 아이들이 자라가면서 나는 네 명의 아이들을 먹이고, 씻기고, 옷을 갈아입히고, 다림질을 하고, 책을 읽어주고, 놀아주고, 가르치고, 훈계하는 일 외엔 아무 것도 하지 않고 있는 나 자신을 발견했어. 이 모든 일은 본국에서도 할 수 있는 일인데. 오히려 본국에서 더 쉽게 할 수 있고, 게다가 아이들도 여기에서보다는 더 나은 삶을 살 수 있잖니. 나는 홀로 있을 때 이렇게 자문해보곤 해. "나는 지금 여기서 뭐하고 있는 거지? 차라리 본국에 가서 아이들을 돌보고, 조 혼자 선교사로 여기 있게 할까?"

그래, 맞아. 이런 생각은 우리 관계에도 긴장을 초래하고 있어. 조가 점심시간이 되어 집에 오면 항상 자신이 경험한 짜릿한 것들에 대해 말해주곤 해. 그가 배운 새로운 말들도 해주고, 자신이 복음을 전하는 데에 도움이 된 새로운 언어 개념에 대해서도 말하고, 새로 만난 사람들에 대해서도 말해주곤 해. 그이에겐 매일이 새롭기만 한가봐. 하지만 나는 사역과 관계된 아무 일도 하지 못하고 있어. 더러운 콧물, 더러운 옷들, 더러운 집, 더러운 발, 그리고 더러운 마음뿐이야. 사실 내 더러운 마음이야말로 가장 나쁜 거겠지. 정말이지 나는 위선자요 외식자라는 생각뿐이야.

조가 집에 있을 때, 그는 자신의 비서인 소로나에 대해서 말하곤 해. 그는 점심을 먹고 나서 곧바로 소로나가 타이핑하고 서류 정리를 하고 있는 사무실로 가버리지. 그러한 상황이 내 상상 속에서 나래를 펴곤 해. 그녀의 이름을 들을 때마다 소리를 지르고 싶을 정도로 아주 진저리가 나. 그리고 나서 그이는 오후에 어떤 사람들을 심방하기 위해서 집을 비우고, 다시 사무실에 들렀다가 일을 마치고 퇴근해.

작년 우리가 안식년차 본국에 갔을 때조차도, 내 자신이 얼마나 외식하는 사람처럼 느꼈는지 몰라. 우리 사역을 담은 필름을 보여줄 때에 나는 아름다운 벽화처럼 그저 그곳에 서있었을 뿐이지. 사람들의 생각과 내 생각은 완전히 달랐어. 그 모든 것들은 조가 하고 있는 일들, 그가 전도하고 가르치고 나누고 양육하고 심방하는 것들에 관한 것이었어. 나는 무엇을 했지? 다만 아이들 뒤치다꺼리한 것뿐이었어. 아이들과 우리가 찍은 아름다운 사진 한 장 달랑 나오더군. 사람들은 다만 참으로 멋진 가족들이 주님을 섬기고 있구나 정도로만 생각하겠지. 나는 속이 부글부글 끓어 넘칠 지경이었어. 집으로 돌아온 것은 기쁜 일이지만, 나 자신을 선교사로 생각지 못하는 것을 알면서 교회에서 거룩한 성도마냥 앉아있는 것이 얼마나 힘들었던지.

　나는 가정부, 요리사, 교사, 어머니, 하녀, 집안일을 하는 계집종이긴 했지만, 확실히 선교사는 아니었어. 나는 우리 집에서 접시를 닦아대는 소녀와 하나도 다를 바가 없어. 그런 소녀에게는 아마도 분노나 시샘도 없겠지? 그런데 그 소녀는 내가 무얼 생각하고 있는지 분명히 알더라. 선교지 주민은 우리가 우리 자신을 아는 것보다 우리를 더 잘 알아. 그 소녀가 내가 무슨 생각을 하고 있는지 알겠다고 말하더라. 본국에 돌아와 보니 여기 분들이 우리 생각들을 잘 헤아리지 못하더구나. 그러니 우리는 얼마든지 본국 성도들을 속일 수도 있는 거야. 하지만 선교지의 그곳 주민들은 우리의 모든 생각을 알고 있단다.

　내가 무엇을 할 수 있을까? 이렇게는 더 이상 견딜 수 없을 것 같은 생각이 든다. 너를 제외하고는 어느 누구에게도 내 감정을 진솔하게 말할 수가 없어. 조는 나를 전혀 이해하지 못하기 때문에, 설령 내가 솔직히 말한다 할지라도 그는 무엇을 해야 할지 모를 것이 분명해. 그렇다고 본국으로 철수하는 것은 실패를 인정하는 것이기 때문에 생각할 여지도 없어. 그러한 실패의 무게는 내게는 너무도 무거워. 내 남은 생애를 그러한 짐을 안고 살 수는 없잖아. 하지만 그렇다고 그냥 이대로 살 수도 없는 노릇이니 어쩌니? 실패한 사람은 나이지 남편은 아니야. 집으로 돌아가야 할 사람은 나 하나뿐이야. 문화에 적응하지 못한 사람은 나 하나뿐이고, 우리가 어떤 결정을 내리건 본국으로 철수하게 된다면 그 이유도 역시 오직 나 때문일 거야.

그래, 내 건강은 별로 좋지 않아. 하지만 육체적으로만 좋지 않은 것이 아니라, 영적으로도 안 좋아. 그 둘 사이의 관계는 너무도 가깝구나. 나는 내 육체적인 문제가 내가 매일 겪는 영적이고 감정적인 전쟁에 의해서 일어나는 것임을 잘 알고 있어. 내 건강 문제로 자매들을 위한 성경공부와 나를 계속해서 선교사로 인정하게 해줄 여러 가지 일들을 그만두게 되었어. 하지만 나는 이 모든 것들이 다시 내적인 싸움을 일으키고 있음을 알고 있단다.

안네, 어느 누구에게도 이러한 편지를 쓴 일이 없었는데, 이제는 누군가에게 털어놓지 않을 수가 없구나. 네가 나를 위해 할 수 있는 일이 무엇인지 나 역시 알지 못하지만, 내가 빠져있는 이 혼란으로부터 벗어나도록 도울 수 있는 것이라면 편지나 그 무엇이라도 정말 고마워할 거야.

너를 향한 특별한 사랑을 담아서,

추신1: 생각해보니, 나를 위해서 기도해달라는 말을 빼놓은 것 같다. 너도 알다시피 나에게는 정말이지 기도가 필요하단다. 하지만 우리가 안식년 동안 국내에서 들었던 "주님, 선교사들을 축복하시고, 함께 해주시고, 인도해주시고, 지도해주시고, 보호해주세요."와 같은 기도는 필요치 않아. 나에겐 도움이 필요해! 여기까지 경청해줘서 정말 고마워. 너를 정말 사랑해!

추신2: 아이들과 남편 벤에게도 인사를 전해줘. 너와 너희 가족을 늘 생각한단다.

Letter 9
제 9장
파선된 선교사

친애하는 하나님의 가족들에게

 우리는 인생에서 완전히 파선했고, 우리의 가정 생활에 절망했습니다. 우리를 파송한 교회를 실망시켰으며, 우리를 후원하던 후원자들을 불명예스럽게 했습니다. 또한 우리가 섬긴다고 고백한 주님의 이름이 세상으로부터 조소를 당하게 했으며, 우리가 섬기고 있었던 선교지의 성도들의 믿음을 위험 가운데 빠뜨렸습니다. 그들은 우리를 바라보며 그리스도인일지라도 실패는 피할 수 없다는 시험을 받게끔 했습니다. 또한 우리는 그리스도의 몸에 불필요한 고통과 고난을 야기했습니다. 그 무엇보다도 우리는 주 예수 그리스도와 우리 하나님을 망신시켰습니다.
 어느 누구도 탓하지 않습니다. 모두 우리 책임입니다. 우리 부부는 서로를 비난하지 않으며, 다만 실패에 동등하게 책임을 질 따름입니다. 우리는 우리 인생의 배를 운항하는 데 있어서 성경에서 명령하시는 것에 주의하지 않았습니다. 우리가 설교한 것을 실천하지 않았습니다. 항해에 필요한 모든 내용들을 점검하지 않았으며, 선교사로 파송될 때 우리가 서약했던 바를 중시하지 않았습니다. 우리의 배를 제 때 정비하지 않았으며, 성령님의 사역에 민감하지 못했습니다. 정신없이 바쁘다는 이유로 그저 우리의 활동들을 합리화하기 바빴습니다. 주님의 일이 우리 삶의 그 어떤 일보다 우선시되어야 한다고 믿었습니다. 결국 우리가 할 수 있었던 유일한 일은 우리의 삶을 수리하고 회복하기 위해 본국에 돌아오는 것이었습니다. 하지만 우리는 그 배를 포기하고 싶지 않았습니다.

　우리는 간음의 죄가 있었습니다. 지금 "우리"라고 말씀드렸습니다. 왜냐하면 우리가 결혼식에서 서로에 대해 서약했을 때, 주례를 본 목사님께서 하나님의 말씀을 통해 "우리가 하나가 되었고", 그러므로 "하나님이 하나되게 하신 것을 사람이 나누지 못할지니라"고 선언했기 때문입니다. 우리는 함께 결합되었으며, 우리가 사는 날 동안 한 몸으로서 기꺼이 어떠한 일이라도 헤쳐 나갈 수 있는 우리 관계의 새로움을 확고히 믿었습니다. 실제로 우리는 말 그대로 한 몸으로 "사는" 놀라운 기쁨과 환희를 맛보았습니다. 우리 사이에 끼어들 수 있는 것은 아무 것도 없으며, 우리 삶에 무슨 일이 있던지 동등하게 책임을 지며 주님을 섬길 수 있다고 확신했습니다. 이와 같은 태풍이 우리 배를 강타할 줄은 정말이지 꿈에도 생각지 못했습니다.

　우리가 겪어온 동일한 일들을 경험한 선교사들 대부분은 이와 같은 편지를 쓰지 않습니다. 그들은 조용히 본국으로 돌아와서는 다른 공동체나 교회, 다른 친구들을 찾습니다. 하지만 이렇게 하는 것은 하나님의 말씀을 단순하게 읽을 때 우리가 선택할 수 있는 사항이 아닙니다. "너희 허물을 서로 고하며 병 낫기를 위하여 서로 기도하는 것"이 우리의 해야 할 일입니다. 그렇습니다. 우리는 치유를 필요로 합니다. 그러나 이렇게 겪은 파선으로 말미암아, 한 번 실패를 맛보았기 때문에 "다른 사람들을 도울 준비가 더 잘 되어서" 다른 동료들과 함께 다른 배에 올라 또 다시 출항을 하는 경우들도 왕왕 있습니다. 어쨌든 우리는 치유를 필요로 하고 있으며, 우리가 치유를 받고 있기에 나중에는 다른 사람을 도울 수 있다고 믿고 있습니다.

결혼식을 올렸을 때 우리는 완전히 헌신된 그리스도인이었습니다. 주님이 우리를 어디로 부르시던지 우리는 전심으로 주님을 섬길 마음이 있었습니다. 따라서 선교사가 된다는 것은 우리에게 매우 현실적인 선택이었고, 복음이 전해지지 않은, 그래서 주님의 사랑을 알지 못하고 있는 사람들을 섬길 수 있는 외국을 향해 우리의 항해를 하고자 했습니다.

주님은 우리를 부르셨고, 우리는 온 세상으로(최소한 한 나라로) 가서 제자를 삼을 수 있도록 최선을 다해 준비하고 있었습니다. 우리의 은사와 능력을 가지고 잘 섬길 수 있을 것으로 생각되는 한 나라를 향해 항해하는 데에 가장 적합하다고 생각되는 한 "배"를 주님의 도우심 아래 선택했습니다. 우리는 우리의 해변을 떠나 어린 두 자녀들을 데리고 "주님을 섬기는" 비전을 이루기 위해 [물론 비행기로] 출항했습니다. 교회는 우리 뒤에서 "교제의 오른 손"을 내밀었습니다. 많은 친구들이 우리의 "항해"와 선교 사역에 필요한 것들을 헌신적으로 도와주었습니다. 우리는 그동안 받았던 훈련과 사명감, 경험과 주님을 향한 헌신 때문에 선교를 위해 준비가 되었다고 생각했습니다. 많은 선교사들처럼 우리도 오래 걸릴 항해에 우리 자신을 드렸습니다. 이 항해는 그 지역이 우리에게 좋은지 살피기 위해 떠나는 즐거운 세계 일주 여행이 아니었습니다. 다만 거친 파도를 향해 떠나는, 어떤 대가를 지불하더라도 감당할 영원한 섬김을 위한 편도 여행이었습니다.

우리는 주님이 우리에게 주신 커다란 사명으로 인한 경외감과 소망으로 부푼 가슴을 안고 그곳에 도착했습니다. 하지만 얼마 안 되어서 우리는 다른 선교사들로부터 듣게 된 선교사역의 구덩이와 포도원의 함정에 대한 이야기로 "충만"해졌습니다. 많은 고민과 생각 끝에 우리는 언어 연구에 착수했고, 전혀 새로운 세상의 문화에 동화되기 시작했습니다.

우리의 입술이 새로운 단어들을 표현해 내기 위해 우리는 다방면으로 노력했습니다. 사람들이 항상 우리를 멍하니 바라보는 것을 받아들여야 했으며, 그곳에 가기까지 우리가 치렀던 희생에 대해 그들은 전혀 감사해 하지 않는다는 사실도 깨닫게 되었습니다. 또한 새로운 쇼핑 방법과 요리 방법, 그리고 먹는 방법을 배워야 했습니다. 본토인들과 의사 소통이 안 된다는 사실, 또한 다른 나라에서 왔다는 이유로 다른 선교사들에 의해 우리가 받아들여지지 않는다는 사실이 우리를 당혹스럽게 했습니다. 어떤 결정을 내리는데 우리의 의견을 갖지 못한다는 점, 성경 해석이나 심지어 사고 방식마저 다른 선교사들과 다르다는 사실도 우리를 낙담시켰습니다.

많은 밤을 우리는 특별한 위안 가운데 잠들어야 했습니다. 우리에게 있는 최소한의 위로로 서로를 위로했으며, 밤의 고요 가운데 있는 동안만큼은 우리 사이에 아무도 끼어들 수 없었습니다. 우리는 좁은 침대에서 서로를 부둥켜안고 자야 했지만, 넓은 킹-사이즈 침대를 필요로 하지 않을 만큼 우리 사이는 그토록 가까웠습니다. 우리는 그렇게 가까이 지내는 것이 너무 좋았고, 특별히 이러한 원시적인 상태에서는 반드시 그렇게 지내야 한다며 기뻐했습니다. 참으로 달콤하고 행복했던 특별한 시간들이었습니다. 다음 날은 어김없이 새벽이 밝아왔고, 물론 공식적인 과정은 아니었지만 선교사 오리엔테이션에서 오는 시험들을 맞이할 수 있었습니다.

서로 친밀한 사랑을 나눈 결과로 우리는 무난히 두 명의 자녀들을 더 낳았습니다. 그들은 선교지에 도착하기 전에 주님이 주셨던 다른 아이들과 마찬가지로 우리 삶에 커다란 즐거움이었습니다. 그런데 두 아이가 더해짐으로써 우리 삶에는 몇 가지 변화가 일어났습니다. 왕성한 활동 스케줄에 대한 우리의 영적인 헌신, 우리의 시간, 우리의 자원 등에 대한 더 많은 요구에 부응해서 책임에 변화가 있었습니다.

그를 필요로 하는 활동이 있었고 (현재 우리에게 문제가 하나 있는데, 그것은 우리의 모든 활동들을 남자가 할 일과 여자가 할 일로 엄격히 구분하는 데에서 생겨난 문제입니다. 그래서 이 편지를 함께 쓰는 것과, 일어난 모든 일에 대해 동등하게 책임을 지는 것이 굉장히 어려웠습니다. 하지만 우리가 항상 다른 일을 해왔고, 그것이 서로에 대한 책임이라는 전체적인 그림 안에서 그렇게 중요하게 여겨지지 않았다는 사실을 받아들이지 않고는 계속 해나갈 수는 없었습니다. 전반적인 결혼 생활에 있어서 우리는 일을 나누고 구분했습니다. 하지만 이 편지에서만큼은 성경적인 전제를 따르기 원합니다. 곧 우리가 일으킨 파선에 대해 각자가 모두 책임이 있습니다. 이 상황을 이해하려고 노력해주시는 점 감사드립니다.), 식구가 늘어났기 때문에 그녀를 필요로 하는 다른 일들이 있었습니다.

저(아내)는 말라리아, 외로움, 감기 몸살, 흔한 어린이 질병, 그밖에 잠 못 드는 시간들로 인해 고통당하는 우리 아이들을 돌보기 위해 밤을 지새운 적이 한두 번이 아닙니다. 저(남편)는 선교 사역을 발전시키고, 성경 공부반 운영, 젊은 사람들의 양육, 사무실을 열고, 사역을 보다 부드럽게 발전시킬 수 있는 세부적인 일들을 조직하는 등의 의무로 인해 많은 압박을 받아왔습니다. 우리는 정원사를 고용했는데, 제(아내)가 아이들에게 더 많은 시간을 기울일 여유를 얻고, 나아가 제(아내)가 성경 공부반에서 몇몇 여자들을 가르치고, 바느질도 가르치고, 글을 가르치고, 위생학도 가르치고, 간단한 의약품들을 나눠주기 위해서였습니다. 저(남편)는 사무실의 일이 너무 과도했기에 사무실에서 일할 여직원을 고용할 필요를 느꼈습니다. 그녀는 타이핑과 서류 정리, 자료 입력, 그리고 현재 일어나고 있는 일을 조절하는데 필요한 보고서들을 잘 다루었습니다. 그녀는 컴퓨터와 파일 정리 시스템을 배울 시간이 필요했고, 또한 저는 그녀에게 업무 절차를 설명하고, 날마다 사무실로 쇄도하는 수많은 요구들을 어떻게 처리해야 하는지 가르칠 시간이 필요했습니다.

이제 막 오랜 언어 훈련 코스를 마쳤고, 어느 정도 문화에 적응되었다고 느끼고 있었습니다. 일 년간 본국에서 안식년을 가졌고, 다른 사역지를 고려중이었지만 언제 떠나야 할지 아직 결정을 내리지는 못한 상태였습니다. 처음 선교지에 도착한 이래 우리가 살아왔던 매우 좁은 동네를 벗어났습니다. 많은 것들이 너무도 서서히 변했기 때문에, 우리의 사역과 삶을 변화시킨 변화들을 거의 알아차리지 못했습니다. 작은 사무실을 지었기에 우리는 집에서 물건들을 꺼내 사무실로 옮겼고, 그 결과 우리에겐 많은 공간들이 허락되었습니다. 당시 우리 집은 옛날처럼 작지 않았기 때문에, 우리는 더 큰 부엌 테이블과 선반을 갖춘 캐비넷을 만들었고, 몇 개의 거실용 긴 의자와 책장도 만들었습니다. 수납장을 갖춘 옷장과 아이들 각자에게 맞는 침대도 갖출 수 있을 만큼 여유가 생겼습니다. 사실 우리 부부를 위해 만든 큰 침대도 있었는데, 우리가 쓰던 옛날 그 작은 침대는 큰 아이에게 주었습니다.

한 분야에 대한 압박감에서 벗어났더니, 또 다른 압박감이 찾아오는 걸 느꼈습니다. 지난 6여 년간 그랬던 것처럼 서로 부둥켜안고 깊은 잠에 빠지는 때는 드물게 되었습니다. 우리는 서로 다른 일과 서로 다른 프로젝트, 그리고 서로 다른 스케줄 때문에 서로 다른 시간에 잠자리에 들었고, 또 다른 시간에 일어났습니다. 새로운 침대가 워낙 커서 두 다리 뻗고 떨어져 잘 수는 있었지만, 전에 그토록 즐기던 친밀한 접촉을 도무지 갖지 못했었습니다. 지난 밤의 일들이 다음 날 반복되는 것을 경험했는데, 이에 대해 서로 솔직하게 이야기하지 않았기 때문에 그 짐들이 결코 가벼워지지 않았습니다. 서로 다른 사역과 활동들로 인해 우리는 점점 더 서로 다른 곳을 바라보게 되었습니다.

우리 중 누군가가 상대가 특별한 관심을 가져주기를 바라며 이불 속으로 들어왔을 것입니다. 아니면 뻐근한 어깨나 등을 좀 주물러 줬으면 하는 마음으로 침실에 왔을지도 모릅니다. 하지만 다른 쪽은 잠에 푹 빠져있거나 너무 피곤해합니다. 우리는 각자의 고민이나 즐거움을 공유하지 않고 있다는 사실을 발견했습니다. 점점 더 따로 살고 있다는 사실을 보았습니다. 함께 나누는 순간은 점점 더 드물어지고 있었습니다.

우리는 그것이 당시 각자가 주님의 일과 사역에 헌신하고 있기 때문이라고 느꼈고, 따라서 이러한 변화들을 그저 수용해야 한다고만 생각했습니다. 저(아내)는 사무실에서 일하는 소녀가 배워야 할 것들을 다 배우면 압박감이 덜어질 것으로 믿었습니다. 저(남편)는 아이들이 더 커가면서 그녀가 (여기서 또다시 우리는 곤경에 처해 있습니다. 우리는 지금 서로를 바라보면서 당시의 문제 상황이 상대편의 바쁜 일정 때문에 생겨난 것인지, 아니면 상대방이 스케줄을 조정함으로써 우리의 서먹서먹한 관계를 부드럽게 할 수도 있었는데 하지 못한 것인지, 진지하게 고민하고 있다고 말씀드리고 싶습니다. 비록 지금 우리가 서로를 바라보고는 있지만, 우리가 당한 파선에 대해서 서로 동등하면서도 완전한 책임을 질 것을 인정합니다. 당신이 이해해주시길 바랍니다.) 제게 헌신하는 시간들이 많아지리라고 믿었습니다. (다시 "저"라고 말한 것은 우리 부부를 각자로 구분짓는 것이며, 당시에 우리가 하나가 아니었다는 것을 나타냅니다. 무산된 파티 때문에 갈등이 생기고 나서야 비로소 우리 자신을 바라보기 시작했습니다. 치유되는 과정에서 우리가 발견한 것은 바로 이것이 문제의 뿌리라는 것입니다. 다시 한

번 이해해주시길 부탁드립니다.)

  우리가 서로에 대한 필요에 부응하지 못했기 때문에, 우리는 수년전에 헌신하겠다고 서약했던 배우자보다는 다른 사람들에게 귀를 기울이고 있는 것을 발견했습니다. 정원사는 영어를 배우고 있으며, 저(아내)는 그의 언어를 배우고 있었습니다. 우리는 (정원사와 나 - 이제 처음으로 우리는 우리의 배우자보다는 다른 사람을 언급하면서 "우리"란 말을 사용하고 있습니다. 이것은 우리 관계의 유향 속에 빠진 작은 파리에 불과하지만, 여전히 악취의 원인입니다.) 삶의 문제점들과 한 가족으로서 마을에서 함께 지내는 문제, 그리고 타국에서 외국인으로서 살아가면서 겪는 문제점들, 삶을 만족시키지 못하는 주된 원인들을 나누었습니다. 이 시기 동안 우리 부부의 관계를 긴장시킨 원인으로서 상대방의 결점을 드러내어 말하는 것은 정말 손쉬운 일이었습니다.

  저(남편)는 항상 사무실에 있는 소녀와 격의 없는 대화를 나누었습니다. 저(남편)는 집에서 스트레스를 받을 바에는 긴급한 의무들과 함께 사무실에서 더 많은 시간을 보내고 있다는 사실을 알게 되었습니다. 이렇게 틈은 더욱 벌어지고 있었습니다. 우리는 둘 다 우리의 감정과 생각들을 다루는 데 실패하고 있었습니다. 우리 관계에 대해 아무 것도 나누지 않은 이래로, 그런 감정이나 생각들을 꺼내는 것이 너무 유치해보였습니다. 제(남편)가 사무실에 있거나, 또는 제(아내)가 교회에서 성경공부반에서 가르치고 있을 때, 기회는 얼마든지 있었습니다. 모든 것이 엉망이 되어 가고 있었고, 따로 떨어져 지내면서 생겨나는 각자의 감정과 생각들을 합리화했습니다.

그렇습니다. 우리는 간음을 저질렀습니다! 우리 중 누가 간음했냐구요? 사람들은 대부분 누가 그렇게 했느냐에만 관심을 두지요. 세상이나 심지어 대부분의 그리스도인들도 그 대답을 듣고 싶어 합니다. 하지만 주님과 성경 앞에서 우리 자신들을 돌아보면, 우리 둘 다 간음죄를 범했습니다. 간음이라고 할 때 꼭 육체적인 관계를 생각할 필요는 없습니다! 우리가 서로에 대해서, 그리고 결혼식의 증인들과 또한 위에 계신 주 하나님 앞에서 약속한 헌신을 지키지 못한 것, 바로 그것이 간음이기 때문입니다. 이렇게 말하면 대부분 사람들이 만족스러워하지 않는다는 것을 알고 있습니다. 왜냐하면 우리는 모두 "한 쪽에만 죄를 뒤집어씌우기" 원하기 때문입니다. 우리 둘 다 범죄했습니다! 만일 우리 중 한 사람만 범죄했다고 그에게 책임을 돌리고 격리시킨다면, 다른 쪽은 세상과 교회 안의 많은 사람들에 의해 자유를 얻고, 다시 배에 올라 다른 곳을 향해 출항하지만, 그 다른 한 사람은 깊은 절망 가운데 방치되어 버리게 될 것입니다.

물론 우리 각자에 의해, 교회에 의해, 공동체에 의해, 우리 자녀들에 의해서 그 실체가 드러나게 되면서 우리는 큰 충격을 받았습니다. 우리의 삶은 분노와 죄책감, 좌절과 수치, 부끄러움과 당황과 여러 가지 복잡한 감정들과 자기가 받은 상처를 풀어보고자 하는 유혹 등의 혼란 속에 빠져들었습니다. 이 충격은 우리를 파송한 교회와 후원자들, 그리고 본국의 우리 집에서 가깝고도 먼 교회들의 다른 많은 사람들에게까지 미쳤습니다. 차라리 죽는 게 더 낫겠다는 생각이 들곤 했습니다. 이후 몇 주간은 대화하다가 소리지르기 일쑤였고, 아이들에게 설명하고, 걷고, 울고, 자백하고, 기도하고,

읽고, 차라리 죽여달라고 외쳤습니다.

 선교지를 떠나는 결정은 우리가 내린 첫 번째 결정 가운데 하나였습니다. 그것은 우리가 많은 것들을 처분하고, 어떤 것은 짐을 싸고, 팔 수 있는 것은 팔고, 어떤 것은 주고, 사역과 일을 정리해야 한다는 것을 의미했습니다. 돌아갈 비행기 티켓을 사고, 우리가 깊은 상처를 주고 비참하게 실망시킨 하나님의 가족을 떠날 것을 계획하는 일은 쉬운 일이 아니었습니다. 때때로 그 모든 끔찍한 일들이 우리를 엄습해왔고, 우리 사이를 갈라놓았습니다. 어떤 경우엔 그것이 우리 사이를 완전히 갈라놓았기 때문에, 과연 우리가 전에 서로 알던 사이였던가 하는 생각이 들 정도였습니다.

 아이들은 자신들의 잘못이 아님에도 상처를 받았습니다. 그들은 자기 친구들에게 해명을 해야만 했고, 학교를 떠나고, 자신들의 추억을 돕는 데 필요한 것들을 모으고, 장난감이나 기념품들을 챙기고, 특별한 사람들에게 작별인사를 했습니다. 그들 삶의 고통은 그들이 앞으로 인생을 살아가면서 이 상처들과 함께 계속될 것입니다. 그들은 우리 둘 모두에게라기보다는 한 사람에게 책임을 돌리는 것이 더 낫다는 것을 발견했습니다. 우리는 그들에게 신자로서 "난 그만두겠어."라고 말하기보다는 치유를 모색하는 것 외에 다른 대안이 없다는 것을 가르칠 필요가 있었습니다. 이러한 배움의 경험은 그들에게뿐 아니라 우리에게도 매우 어려운 일입니다.

 비행기에 올라타서, 우리에게 무슨 일이 있었는지 전혀 모르는 사람들과 함께 있으니 차라리 안심이 되었습니다. 하지만 그 시간은 이 모든 상황을 아는 사람들을 공항에서 만나게 될 시간이 이르기 전의 잠시 동안의 유예기간임을 잘 알고 있었습니다. 잠시 후 우리는 잘 준비된 감정적인 반발심으로 무장한 채, 우리 모두에게 비난과 함께 어떻게 했으면 문제를 잘 해결할 수 있었을지 퍼부어 댈 가족들과 친구들의 무리를 대면해야만 했습니다.

우리 관계 속에 있었던 마귀의 역사를 슬퍼해주기 위해 많은 사람들이 나올 것입니다. 이것은 하나님의 말씀이 "육체의 소욕"을 이루는 원천에 대해 분명히 말씀하는데도, 오히려 혼란스러움을 줄 수 있는 시험을 제공합니다. 그리스도인들조차도 다른 원인을 제시하기를 좋아합니다. 성경은 우리 자신 속에 있는 것으로부터 기인한 그러한 종류의 죄에 대해 분명히 말합니다. 야고보서 1장 13-16절은 "사람이 시험을 받을 때에 내가 하나님께 시험을 받는다 하지 말지니 하나님은 악에게 시험을 받지도 아니하시고 친히 아무도 시험하지 아니하시느니라 오직 각 사람이 시험을 받는 것은 자기 욕심에 끌려 미혹됨이니 욕심이 잉태한즉 죄를 낳고 죄가 장성한즉 사망을 낳느니라 내 사랑하는 형제들아 속지 말라"고 말합니다.

야고보가 "속지 말라"고 말함으로써 그러한 죄의 실제적인 원천에 대한 분명한 지적으로 결론을 맺은 것은 무척 교훈적입니다. 종종 우리의 필요를 충족시키지 못한 것에 대해 서로를 비난하는 일이 있는데, 이것은 한 마디로 자신을 속이는 것입니다. 우리 속에서 나온 죄에 대해 그 사람에게 책임을 전가하도록 유혹하는 것은 마귀의 속임수 가운데 하나입니다. 다른 사람을 비난하는 것은 우리 자신의 실패를 변명하는 것이며, "결백한 쪽"에 섬으로써 나는 자유하다는 결론을 내리는 것입니다. 아니면 마귀를 비난함으로써 양쪽 모두 죄책으로부터의 자유를 얻고자 합니다. 우리의 생각은 종종 그토록 중요한 사람들이 들려주는 충고들의 불협화음에 의해 더욱 혼란을 겪습니다. 침묵으로 우리를 대하는 것은 친한 친구들로부터 오는 또 다른 고통입니다. 목회적인 상담은 치유를 갈망하는 사람들에겐 지나칠 정도로 단순하고 비현실적인 경우가 많습니다. 어떻든 우리는 치유를 선택했습니다. 왜냐하면 우리 하나님은 치유하시는 하나님이시기 때문입니다. 우리는 새로운 인간관계 속에서 인간적인 행복을 이기적으로 추구하는 것보다는 치유 과정을 통해서 주님이 더욱 영광을 받으시리라고 확신합니다.

우리는 이러한 상황에서도 하나님의 신실하심을 증명하는 방편들 중 하나로 치유를 선택했습니다. 우리는 주님이 다음과 같이 말씀하셨을 때 뜻하셨던 바를 배우고 있는 중입니다.

"나는 너희를 치료하는 여호와임이니라"(출 15:26)

"저가 네 모든 죄악을 사하시며 네 모든 병을 고치시며"(시 103:3)

"저가 그 말씀을 보내어 저희를 고치사 위경에서 건지시는도다"(시 107:20)

"상심한 자를 고치시며 저희 상처를 싸매시는도다"(시 147:3)

우리는 하나님께서 새로운 인류와 함께 아예 모든 것을 시작하는 대신에 우리를 회복시키시고 또 우리를 자기와 화목하게 하시는 쪽을 택하셨던 일을 분명히 기억하고 있습니다. 또한 하나님은, 자신의 자녀들이 만일 그분을 믿고 그분의 말씀에 순종한다면 그들과 화목하시는 쪽을 선택하십니다. 하나님께서는 온 세상과 화목하시는데, 반면에 그분의 자녀들이 서로 화목하려 하지 않는다는 것은 얼마나 큰 모순입니까? 하나님의 자녀들 사이에서의 반목(反目)은 그분도 어찌할 수 없는 그분 능력 밖의 일일까요? 아니면 하나님의 자녀들이 하나님의 능력을 기꺼이 받아들이기보다는 자신들의 이기적인 방법으로 해결하고자 하기 때문일까요? 세상과의 화목을 위한 대가는 하나님 아들의 죽음이었습니다. 우리를 서로 화목시키기 위한 대가도 동일합니다. 우리는 화목을 선택했습니다!

물론 치유 과정은 오랜 시간이 걸리는 과정이며, 참으로 고통스럽습니다. 그만큼 상처도 오래 되었고 또한 고통스러웠던 것입니다. 주님을 간절히 찾는 모든 사람에게 약속하신 치유를 얻고자 노력하는 동안 우리를 포기한 친구들도 있습니다. 반면에 사회적이고 영적인 건강을 회복하는 데 크게 도움을 준 새로운 친구들을 얻을 수 있었습니다. 하나님의 가족 가운데 어떤 이들은, 우리가 주님과 우리 자신과 교회와 세상과의 관계를 정상으로 돌이키고자 싸우고 있을 때, 마치 치어리더 같은 존재가 되어 주었습니다.

우리는 계속 전진하도록 격려를 받았지만, 어떤 그리스도인 친구들에 의해서는 이혼을 종용당하기도 했습니다. 하지만 우리는 우리들 삶을 계속해나갔습니다. 그리고 우리는 성경을 상고하면서 배웠습니다.

"이스라엘의 하나님 여호와가 이르노니 나는 이혼하는 것과 학대로 옷을 가리우는 자를 미워하노라 만군의 여호와의 말이니라 그러므로 너희 심령을 삼가 지켜 궤사를 행치 말지니라"(말 2:16)

마찬가지로 분명한 것은 재혼이 문제를 더욱 가중시키는 것이라는 가르침입니다.

"그러므로 만일 그 남편 생전에 다른 남자에게 가면 음부라 이르되 남편이 죽으면 그 법에서 자유케 되나니 다른 남자에게 갈지라도 음부가 되지 아니하느니라"(롬 7:3)

"(만일 갈릴지라도 그냥 지내든지 다시 그 남편과 화합하든지 하라) 남편도 아내를 버리지 말라…아내가 그 남편이 살 동안에 매여 있다가 남편이 죽으면 자유하여 자기 뜻대로 시집갈 것이나 주 안에서만 할 것이니라"(고전 7:11,39)

이혼한 후에 재혼한 어떤 사람은 우리에게 와서 매우 모순되는 조언을 했습니다. 그리고 우리는 '어떻게 주님께서 그토록 헌신된 신자들을 그와 같이 서로 등을 돌리고 반대의 길로 가도록 인도하실 수 있단 말인가?' 하고 스스로 자문해야만 습니다. 사람들의 말을 따르자면, 결국 주님이 치유자가 아니라 서로 다른 방향으로 항해하는 또 다른 배를 찾아주는 "중매자" 밖에는 안 된다는 뜻이었습니다. 이것은 우리가 도저히 믿을 수 없는 것이었습니다. 어떤 사람은 그것(이혼후의 재혼)이 새로 시작되는 천국과 같다고 말했습니다. 또 어떤 사람은 그것이 지옥과 같다고도 말했습니다. 주님은 우리에게 "너희는 인생을 의지하지 말라 그의 호흡은 코에 있나니"(사 2:22)라고 말씀해 주셨습니다.

우리는 많은 시간 하나님이 "하나님은 능치 못하심이 없느니라"고 말씀하시는 것을 듣고 도전을 받았습니다. "나는 그만 두겠어."라고 말하는 이혼은 "하나님도 할 수 없다."고 말하는 것이며, "나는 하나님이 내 속에 역사하시도록 허락하지 않을 거야."라고 말하는 것입니다. 우리는 하나님께 능치 못하심이 없음을 믿습니다!

우리는 치유를 받고 있습니다. 이러한 우리 삶의 비극에도 오직 주님만이 적임자라는 사실을 발견하고 있습니다. 어떤 사역에는 우리 자신이 전혀 자격이 없음을 잘 알고 있습니다. 그렇기 때문에 아무도 쓰지 않을 이러한 편지를 쓰는 것입니다. 왜냐하면 모든 위로의 하나님께서 "우리의 모든 환난 중에서 우리를 위로하사 우리로 하여금 하나님께 받는 위로로써 모든 환난 중에 있는 자들을 능히 위로하게"(고후 1:4) 하시도록 하기 위함입니다. 주님이 우리에게 주신 사역이 있습니다. 어떤 부류의 그리스도인들은 하나님께서 우리 자신의 치유보다는 우리 자신의 행복에 더 많은 관심이 있다고 생각하고 있습니다. 그것은 사실이 아닙니다. 그러한 시험을 받고 있는 그리스도인들이 진정한 치유를 얻도록 돕는 것이 우리가 받은 사역입니다. 우리는 행복을 찾는 사람들이 치유를 구하지 않는다는 사실을 발견했습니다. 하지만 치유를 구하는 사람들은 반드시 행복을 발견합니다.

우리는 선교사로 부르심을 받기 전에 살았던 가까운 곳에 새로 가정을 꾸몄습니다. 우리 가족은 놀라운 우리 하나님의 크신 은혜를 향해 창문을 열 필요가 있는 마을에 자리를 잡았습니다. 우리는 우리를 사랑해주는 교회에 함께 하면서 유용하게 섬길 수 있는 자리를 찾고 있습니다. 우리는 결혼 15주년을 맞이해서 다시 한 번 서로에 대해 "헌신의 약속"을 서약했습니다. 우리는 고린도전서 7장 32-33절에서 우리에게 가르치고 있는바 "너희가 염려 없기를 원하노라 장가가지 않은 자는 주의 일을 염려하여 어찌하여야 주를 기쁘시게 할꼬 하되 장가간 자는 세상 일을 염려하여 어찌하여야 아내를 기쁘게 할꼬 하여 마음이 나누이며"라고 하신 말씀과 같이 처음 각자의 자리로 돌아왔습니다.

그렇습니다. 세상에 많은 사람들이 그렇게 하고 있는 것을 알고 있습니다. 하지만 하나님과 우리에 관한 한, 우리는 죄를 범했습니다. 이러한 고백 때문에 우리는 치유를 받고 있습니다. 저(남편)는 주님의 선하심으로 인해 우리의 재정적인 필요를 채울 수 있는 직장을 얻었습니다. 저(아내)는 세상에서 가장 위대한 소명, 곧 특별한 도전이 되는 "어머니로서의 의무"를 찾았습니다. 우리의 자녀들은 이전보다 더 많이 우리를 필요로 합니다. 자녀들은 하나님께서 "더욱 큰 은혜를 주신다"는 것을 우리를 통해 배웠고, 결혼과 가정에 대해 건강한 관점을 발전시키고 있습니다.

"그러므로 일렀으되 하나님이 교만한 자를 물리치시고 겸손한 자에게 은혜를 주신다 하였느니라 그런즉 **너희는** 하나님께 순복할지어다 마귀를 대적하라 그리하면 **너희를** 피하리라 하나님을 가까이 하라 그리하면 **너희를** 가까이 하시리라 죄인들아 손을 깨끗이 하라 두 마음을 품은 자들아 마음을 성결케 하라"(약 4:6-8).

치유는 항상 오래 걸리는 과정입니다. 깊게 베인 상처가 회복되려면 피부의 아픔과 고통이 따르기 마련입니다. 딱지를 너무 빨리 떼게 되면 상처가 더욱 커지고, 치유 과정은 오히려 더디게 됩니다. 다리가 부러진 이후에 걷는 법을 배워야 합니다. 하지만 부러진 다리가 다시금 쓸모 있게 회복되려면 강한 의지가 있어야 합니다. 어떻든 치유는 가능합니다.

배가 파선하였을 때에 배를 포기하지 않으면 생명을 건질 수 있다는 사실은 실로 놀랍습니다. 배와 함께 거의 가라앉았을지라도 배를 원상태로 복구하고 새롭게 하는 것을 경험할 수가 있습니다. 따라서 새로이 임무를 맡기시며 사용하시는 "그 영원하신 팔"을 경험적으로 배우는 것은 곧 "그가 네 앞에서 대적을 쫓으시며 멸하라 하시도다"(신 33:27)라고 말씀하신 우리 위대하신 하나님의 기적을 경험하는 일이 될 것입니다.

우리를 치유하시는 주님께서 당신의 심령에도 함께 해주시길 바랍니다. 또한 주님은 회복과 화목의 하나님이심을 믿는 믿음에 담대함을 주시길 바랍니다.

치유와 행복을 경험하고 있는 여러분의 친구 드림

추신: 우리는 지금 좁은 침대를 쓰고 있습니다!

Letter 10
제 10장
은퇴한 선교사

주님을 섬기는 일에 함께 동역자 된 분들에게

저는 깊은 정글에서 주님을 섬기던 삶을 마치고 집에 돌아왔습니다. 세상에서 가장 멀리 떨어진 지역 가운데 하나였던 곳에서 섬겼던 지난 45년간의 삶을 회고해봅니다. 우리는 현지인의 언어로 복음을 전하고 교회를 개척하며, 전도자들을 양성하는 등 최선을 다해 이루었던 만족스러운 사역들을 뒤로 하고 떠나 왔습니다. 이제 막 개척해놓은 교회들도 여럿 있고, 조촐한 의료기관과 초등학교, 그리고 복음전도자 양성을 위한 단기성경학교도 있습니다.

하지만 지금 우리는 집에 있습니다. 집이라 말하지만, 사실 더 이상 집으로 느껴지진 않습니다. 지난 50여 년 동안 참으로 많은 것들이 변했더군요. 저를 파송했던 모교회가 사람들을 쾌락에 빠뜨리는 세상을 들여오는 것을 볼 때 제 마음은 무겁기만 합니다. 음악은 귀에 거슬리고, 설교는 얕습니다. 복장도 너무 세속적이고, 순종은 없으며, 교회 출석은 저조합니다. 헌금은 충분하지 않고, 기도는 지루하기만 하고, 예배는 형식적이고, 활동은 세속적입니다. 저는 무엇을 해야 할지 막막하기만 합니다. 도대체 저는 왜 선교지를 떠나왔을까요?

제가 선교사로 한창 섬기고 있을 때, 여러 교회로부터 초청을 받아 주님이 행하신 일들을 보고하고 나누는 일은 정말 큰 기쁨이었습니다. 사람들은 우리의 활동과 사역들에 대해 진지한 관심을 갖고 긍정적으로 반응하는 것 같았습니다. 많은 사람들은 자신들이 무엇을 할 수 있으며 어떻게 기도할 수 있는지, 또 우리가 필요로 하는 것은 무엇이며 장래 계획은 무엇인지, 그리고 선교지에서 필요로 하는 것들이 무엇인지 물었습니다. 하지만 지금 저는 집에 있습니다. 물어오는 사람이 아무도 없습니다. 저 자신이 낡고 쓸모없는 존재라는 생각이 듭니다. 저는 여전히 선교지에서 진행되고 있는 많은 일들에 정통하고자 노력하고 있지만, 이런 일에 관심을 두는 사람은 아무도 없는 것 같습니다. 선교와 관련된 질의응답이나 선교보고를 줄곧 해왔지만, 이제는 그러한 것들을 묻거나 요청하는 사람이 전혀 없습니다. 그저 오래된 사역 보고용 슬라이드나 재삼 방영하고 있는 것 같습니다. 저는 다만 죽으러 집에 온 것인가요?

제가 선교지에 있었을 때에는 여러 교회 지도자들, 장로들, 복음전도자들, 목사들과 교사들이 떼거리로 문 앞에 몰려와 말씀과 가르침을 부탁했습니다. 많은 사람들이 성경에 관하여, 그리고 교회와 가정과 개인의 삶 속에서 어떻게 성경을 적용해야 할지 물어 왔습니다. 우리는 교회들이 겪고 있는 문제들과, 뒤얽힌 신학적 난제들에 관해 토론했었지요. 하지만 지금 저는 집에 있으며, 지난 40년간 선교지에서 제가 경험한 지혜들을 가치 있게 생각하여 조언을 구하기 위해 방문하려는 사람은 보이질 않습니다. 성경의 어떤 부분이나 교회 안의 문제를 어떻게 다루어야할지 제 생각을 묻기 위해 전화하는 사람도 없습니다. 저는 장로들에게서 (교회일을 의논하는 자리에) 초대받은 일이 없기 때문에, 그래서 교회에서 무슨 일이 일어나고 있는지조차 모릅니다.

선교지에서 보낸 생애 가운데 기쁜 일 중 하나는 서신교환이었습니다. 처음에는 몇 주마다 왔고, 그리고는 매주 화요일에 정기적으로 왔는데, 지난 수년 동안 우리는 일주일에 몇 차례씩 편지를 받곤 했습니다. 그 편지들에 답장을 쓰는 것은 우리의 사역 가운데 매우 특별한 즐거움이었습니다. 저와 제 아내는, 그 편지들을 보낸 사람들이 그렇게 할 만큼 선교에 관심이 있는 사람이라 생각하여 누구를 막론하고 성심껏 서신을 주고받았습니다. 또한 우리는 가능한 빨리 우리에게 보내준 모든 선물에 감사하는 서신을 써서 보냈습니다. 사적인 편지들에 대해서도 역시 그리 했습니다. 이와 같은 서신 교환은 우리 사역 가운데 일부였습니다. 하지만 지금 저는 집에 있습니다. 광고 전단지밖에 없는 우편함을 확인하곤 집으로 들어옵니다. 한 달에 한번 우리는 생활비 명목으로 정부 보조금을 받고 있습니다. 그렇다고 우리가 편지를 쓸 수 없을 만큼 여력이 없는 것이 아닙니다. 다만 선교지에 있는 선교사나 그 가족을 제외하고는 편지를 주고 받을 대상이 없을 따름입니다.

우리는 집에서 조차도 대화를 나눌 상대가 없습니다. 전화는 거의 울리지 않고, 교회에서 말씀을 전하는 일도 이젠 끝났습니다. 하루 종일 사람들에게 이야기하면서 보냈던 때가 기억납니다. 그 날을 마감할 때는 사람들과의 대화 때문에 거의 탈진상태가 되곤 했습니다. 물론 그때 저는 약간의 휴식을 원했었지만, 지금처럼 거의 죽은 것과 마찬가지인 침묵은 아니었습니다! 누군가 실제적인 일들에 대해 이야기해주길 얼마나 바라는지 모릅니다. 전화벨이 울리고, 우리가 어떻게 지내며 무엇을 하고 있는지 물어주는 사람이 있다면 얼마나 좋을까요. 그때는 선교본부에 전화가 없어도 참으로 기뻤습니다. 우리는 모든 사람들과 눈을 맞춰가며 이야기를 했었습니다. 하지만 지금 저는 집에 있습니다.

　우리가 지금 살고 있는 조그만 아파트는 너무 작아서 선교본부에 있었던 커다란 집과 비교가 됩니다. 항상 오가는 사람들로 가득했습니다. 계속 밀어닥치는 방문자들의 대열은 점심시간까지 이어졌습니다. 음식은 항상 여유 있게 준비되어 있었는데, 왜냐하면 친구들뿐 아니라 처음 방문하는 사람들도 정기적으로 점심시간에 찾아왔기 때문입니다. 식탁을 둘렀던 기쁨이 주님의 일들을 나누는 교제 가운데 넘쳐났으며, 풍성한 식사는 성경 읽기로 이어지기 마련이었습니다. 그리고 마지막은 기도로 끝이 나곤 했었지요. 하지만 지금은 하루 한 끼 식사조차 같이할 사람이 없습니다. 차 한잔 하러 들르는 사람도 없습니다. 다른 사람의 집에 초대받아 함께 식사하는 일은 말할 것도 없지요. 거의 매일같이 차려진 식탁 주위로 즐거움과 웃음이 넘쳐나던 때는 이제 아련한 옛날 일이 되어버렸습니다.

　지금은 차와 토스트로 아침을 대신합니다. 그리고 잠시 성경을 읽고 중간에 차를 마신 후, 점심 식사를 기다립니다. 날씨가 좋으면 잠시 산책을 나가곤 합니다. 점심식사를 한 후 잠깐 낮잠을 자고, 그 후엔 편지를 기다리는 시간입니다. 편지는 별 내용이 없는 것들이 대부분입니다. 일주일에 한 번 우리는 쇼핑을 하러 가는데, 할인 판매하는 몇 가지만 삽니다. 저녁 식사 후 휴식을 취하며, 잠자기 전까지 또 성경을 읽습니다. 주일만큼은 그래도 평상시와는 조금은 다른 날이지만, 우리 교회가 하고 있는 모습을 보고 너무 놀란 이후로는 그나마도 마음이 편치 못합니다.

   자녀들은 가까이 살지 않습니다. 바쁘다는 핑계로 우리와 함께 시간을 보내지 못합니다. 그저 어디 가는 길에 잠시 들르는 게 고작이면서도 손자들이 우리를 잘 알아보기를 바라는 것 같습니다. 하지만 사실 우리도 걔들이 누가 누구인지 못 알아본답니다. 손자들 몇으로부터 어려운 형편에도 생일이나 크리스마스 선물을 보내줘서 고맙다는 작은 카드를 받았을 따름입니다. 교회, 친구, 사역, 가족 모두가 다 우리를 외면하고 있고, 우리는 그저 여기 앉아 있습니다.

   우리는 자주 산책하려고 하는데 위험하다고 사람들이 말립니다. 할 수 있는 대로 전도지를 나누어주며 이웃들에게 따뜻하게 인사를 건네지만, 아무도 이야기를 나눌 시간을 내주질 않습니다. 우리는 아무런 취미도 없습니다. 생각해보십시오. 만약 당신이 평생을 해외에서 주님을 섬기는 데에 헌신했다면, 과연 취미 생활을 할 수 있을까요? 텔레비전이 있긴 하지만, 대부분의 프로가 외설적이고 심지어 뉴스조차도 세계의 안타까운 현실만 보도할 뿐입니다.

   우리는 종종 주님이 속히 오셔서 우리를 본향으로 데리고 가시길 소원합니다. 하지만 우리는 또한 그분의 때가 우리가 기대하는 때와는 다르다는 사실을 알고 있습니다. 우리는 "몸을 떠나 주와 함께 거하는 그것"이라는 말씀을 통해 위안을 받습니다. 하지만 이런 어려움을 벗어나려는 얄팍한 마음으로만 주님이 오시기를 원해서는 안 된다는 것도 잘 알고 있습니다. 우리는 진실로 주님이 다시 오시기를 원해야 하는데, 그분을 참으로 사랑하기 때문이어야 합니다. 저는 선교지로 다시 돌아갈까 생각중입니다. 그곳은 저를 원하는 곳이기 때문입니다. 저는 주의 백성들에게 전할 메시지를 준비하기 위해 많은 시간을 보내던 때를 기억합니다. 집회는 오후까지 계속되었고, 그때 다양한 사람들과 함께 오래도록 토론들을 했었지요. 사람들은 몇 시간 걸리는 곳을 걸어서 왔고, 참으로 배우기를 원했습니다. 말씀에 대한 굶주림 때문에 말씀을 깨닫는 놀라운 역사가 있었고, 그 만족감 때문에 큰 기쁨이 넘쳤습니다. 이 가난한 사람들이 드릴 수 있었던 것은 약간의 계란, 호박, 가끔 수탉 정도에 불과했습니다. 그런 것도 없어 그저 뜨거운 악수만 나눌 때도 있었습니다. 그러나 그래도 참으로 기쁘고 만족스러웠던 시간들이었습니다.

  하지만 저는 그들에게 짐이 되기를 원치 않습니다. 물론 여기 집에서는 그 누구에게도 짐이 아니지요. 선교지에 가서 병에 걸릴 수도 있고, 다칠 수도 있고, 혹은 뼈가 부러질지도 모릅니다. 이렇게 말하면 자기 연민에 빠진 것처럼 들리겠지요. 아마 그럴 것입니다. 하지만 저는 쓸모 있는 사람이고 싶습니다. 다시 귀국하는 것이 쉽지 않을지도 모릅니다. 어쩌면 그곳에서 숨을 거둘지도 모르지요. 선교지에서 죽는 것이 차라리 더 속 편할지도 모르겠습니다. 이런 생각을 하는 제 자신이 부끄럽지만, 아무런 활동도 없이 지내다 보니 생각하는 것이 이렇게 갈팡질팡해지네요. 처음부터 이런 편지를 쓸 의도는 아니었는데, 어쨌든 잘된 일입니다. 우리도 하나님의 백성입니다. 우리는 당신의 기도를 필요로 합니다.

 당신의 신실한 종 올림

추신: 제가 주님이 주신 모든 세월에 대해 감사하지 않는 것처럼 보였다면 용서해주기 바랍니다. 미래를 내다보기보다는 과거를 돌아보는 일이 더 쉬운 것 같네요.

Letter 11
제 11장
실패한 선교사

사랑하는 친구들에게

　저는 선교 사역에 애를 썼지만 결국 실패했습니다. 주님을 섬기고자 선교지에 나갔지만 지금은 본국에서 다른 직업을 구하고 있습니다. 저를 부르신 선교 사역으로의 부르심은 극적이면서도 분명했습니다. 저는 물질적으로도 가난하고 영적으로도 아무것도 없는 사람들에게 제 자신을 내어주며 주님을 섬기고자 가족을 데리고 부모님을 떠났습니다. 그러나 곧 선교 사역에 대한 환상에서 깨어나게 되었고, 낙망했으며, 제 자신에 대해서도 절망했습니다. 어떻게 이런 일이 우리에게 일어날 수 있었을까요? 그들에게 줄 것들이 그렇게 많았는데! 그토록 많은 것을 희생했는데! 그토록 많은 것을 잃어버렸는데! 하지만 우리는 너무도 깨닫는 것이 없었습니다!

이제 과거를 회상하면서, 저의 선교 경험을 정리해드리도록 하겠습니다. 젊은 청년이었을 때, 저는 선교사들이 어떻게 선교사로 부르심을 받았는지 간증을 나누는 한 모임에 참석 중이었습니다. 그때 주님이 세상 멀리 떨어진 곳에 가서 섬기도록 부르신다는 것을 느낄 수 있었습니다. 그곳은 선교사들이 많지 않은 곳이고, 미국의 생필품과 오락시설이 전혀 없는 곳이었습니다. 그들이 어떤 사람들이든지 간에, 그들에게 제공해줄 수 있는 최상의 봉사는 의료 영역이라고 생각했습니다. 그래서 저는 의사가 되는 것을 목표로 정했습니다. 복음을 전해주면서 그들을 돕는 꿈을 꾸었습니다. 저는 예과의 커리큘럼도 버거워하면서 본과에 들어갔습니다. 쉽지는 않았지만 병원을 열고 약을 조제할 수 있다는 비전이 저를 계속 붙들어주었습니다. 모든 정력을 학업에 들이느라 당시 저희 교회 생활은 들쭉날쭉했습니다. 그때 하나님께서 벳시를 보내주셨습니다. 주님께 드린 저의 서원과 함께 멀리 떨어진 곳에 가서 의료 선교사로 주님을 섬길 것이라는 목표를 나누었습니다. 간호사였던 벳시와 비전이 서로 통했고, 또한 우리를 한 팀으로 주님을 섬기게 하실 것이라는 확신을 갖게 되었습니다. 의대 졸업을 바로 앞두고 우리는 결혼을 했고, 우리를 가장 필요로 하는 곳은 어디든지 가고자 하는 마음으로 미국 해변을 떠나기만을 갈망했습니다.

    인턴과정을 마친 후, 저는 개인병원에 취업을 했고 선교사의 삶을 사는 데에 실제적인 도움을 줄 만한 몇 번의 실습 경험을 하기 시작했습니다. 그때 벌써 세 자녀가 있었고, 일을 하면서 대학 등록금 때문에 받았던 대출금을 막 갚았습니다. 그리고 주님이 우리의 의료 기술을 사용하시길 원하시는 곳이 어디인지 기도하기 시작했습니다. 선교사들을 만났고, 그들과 서신을 교환했으며, 선교회와 대화를 나누었고, 선교사가 되기 위해 준비했었던 바로 그것들을 다시금 상기하기 시작했습니다. 주님은 우리를 개발이 전혀 안 된 나라에서 섬기도록 인도하셨습니다. 우리는 이역만리 밖의 그 나라가 의료적인 도움을 절실히 필요로 한다는 소식에 격려를 받았습니다. 아울러 친구들과 가족들도 우리를 격려했습니다. 선교사들도 우리가 나간다는 소식에 매우 감격했습니다.

우리는 아이들과 함께 간소하게 짐을 꾸려 의료 기술을 가지고 선교지로 떠났습니다. 주님을 섬기고자 우리가 치러야 할 희생이 얼마나 클지 충분히 감지하고 있었음을 말씀드려야 할 것 같습니다. 선교지로의 여정은 해외에서 주님을 섬길 기쁨으로 가득했습니다. 때때로 우리는 주님이 인도해오시고, 준비해주시고, 격려해주시고, 또 모든 길에서 우리를 보호해주신 과거를 되돌아보면서 우리 자신을 거의 주체할 수가 없었습니다. 현지인으로부터 받게 될 환영 인사에 대한 기대는, 여기까지 오기 위해 포기한 것에 대한 만족감에 비하면 아무 것도 아니었습니다.

그곳의 선교사들은 우리를 반갑게 맞아주었습니다. 그들은 수년 동안 의료 선교사를 보내달라고 기도해왔습니다. 그리고 우리가 여기에 와있는 것입니다. 새로운 시간대에 적응하고, 다양한 생활 환경들을 돌아보는 데에 며칠을 보낸 후, 우리의 물건들을 실은 작은 비행기에 올라 내륙으로 들어갔습니다. 비행기가 작은 활주로를 미끄러지듯 날아오르고, 이내 우리는 수백 명의 사람들이 우리를 맞이하기 위해 기다리고 있는 것을 보았습니다. 그들은 형언할 수 없을 정도로 흥분해 있는 듯 보였습니다. 가족들이 함께 짐을 내리려고 하자, 이 행복해하는 사람들이 우리의 가방이며 상자와 옷가방, 그리고 트렁크 등을 트럭에 실어 주었습니다. 사정없이 트럭이 흔들리고 짐칸의 짐들이 이쪽 끝에서 저쪽 끝으로 굴러다닐 정도로 험악한 길로 서서히 접어들면서 사람사는 마을은 점점 멀어졌습니다. 한밤중이 되어서야 몇 년간 우리가 살게 될 작은 오두막에 도착했습니다. 짐을 내리자 낡은 화물용 트럭은 덜커덩 소리를 내며 오던 길을 돌아가더니 이내 시야에서 사라졌습니다. 드디어 도착한 것입니다.

전기나 수도, 기타 편의 시설이 전혀 구비되어 있지 않다는 사실을 발견한 우리는 곧 그런 오두막집을 살 만한 집으로 만드는 일을 시작했습니다. 첫날 사람들은 우리를 환영하는 표시로 바나나, 호박, 콩 등을 선물로 주었습니다. 우리는 사람들이 항상 우리를 주목한다는 것을 알았습니다. 창문을 들여다보기도 하고, 우리 집 가까이 앉아 있기도 합니다. 집 근처에 그저 서있기도 합니다. 우리가 선교 사택을 걸어 다니면 우리를 뚫어지게 쳐다봅니다. 시장갈 때면 우리를 따라옵니다. 그들은 우리가 시장 본 것들을 들어주고 싶다며 졸라대곤 합니다. 선물을 달라고 조르기도 합니다. 사생활을 소중히 여기는 사람인 벳시는 이러한 상황을 무척 어려워합니다. 우리가 깰 때면 마을 아이들이 집 앞에 와있고, 밤에 호롱불을 켤 때에도 그들은 우리를 구경하고 있습니다. 사생활이라곤 전혀 없었습니다. 몇 마디 부족어를 배우면서 우리는 평범한 사람으로 평화롭게 살고자 노력했습니다. 우리 가운데 마음의 갈등이 시작되었던 것입니다. 우리는 섬기러 온 것이지, 어항(사방 어디서나 보이는 상태)에서 살고자 온 것이 아니었습니다. 우리만의 사생활이 없었습니다. 집에서 일하는 가정부 소녀가 마을의 모든 사람들에게 우리의 생활이나 살림살이, 그리고 우리의 습관들에 대해 떠벌리고 다녔음에 틀림없었습니다.

아침 8시에 병원문을 열면, 진료를 받기 위해 대략 75명 정도의 사람들이 와 있었습니다. 만약 아침에 일어나자마자 6시 30분에 나가면 25명 정도밖에 없다가도 7시 30분만 되면 적어도 50명은 되었습니다. 그래서 8시에 너무 많은 환자들을 만나고 싶지 않아, 7시에는 병원에 나가보아야 하지 않나 하고 갈등했습니다. 성경구절을 통역해주는 간호사의 도움으로 한 사람씩 복음을 나누길 원했습니다. 하지만 환자들을 한사람씩 몇 분씩만 진료해도 정오까지 25-30명 정도만 진료를 할 수 있었고, 점심을 먹고 돌아오면 기다리는 환자들이 어느새 175명으로 늘어나 있었습니다. 저녁 마칠 시간이 되면 당일 병원에 온 환자들 중에서 절반 정도는 진료를 받지 못한 채 있었습니다. 그들은 5km에서 8km를 걸어온 사람들로, 다음날 진료를 받으려면 새벽 훨씬 전에 집에서 출발해야만 하는 사람들이었습니다. 만일 제가 주님에 대해서나 혹은 그리스도인의 삶에 대해 아무런 이야기도 나누지 않는다면, 어쩌면 그날 온 모든 환자들을 진료할 수 있었을지도 모릅니다. 제가 더욱 더 애쓰면 애쓸수록 이 문제는 더욱 헷갈리기만 했습니다. 이 복음 전하는 일을 위해 10년 넘게 준비해왔었는데, 어찌된 영문인지 날이 갈수록 많은 사람들에게 복음에 대해 대화를 할 수가 없었습니다.

늘어만 가는 환자들을 진료하기 위해 저는 병원을 좀 더 일찍 열기 시작했고, 점심시간을 줄였으며, 마지막 환자를 다 볼 때까지 병원 문을 닫지 않았습니다. 환자들이 저를 만나기 위해 8km를 걸어왔다가 진료시간이 끝나서 아무런 도움도 받지 못하고 그냥 돌아가야 한다는 생각에 저는 견딜 수가 없었습니다. 가능한 모든 환자를 다 진료하기로 마음 먹었습니다. 아침에 일어나서 창밖을 내다보았을 때, 사람들이 이미 병원 문 앞에서 기다리고 있는 것을 보았습니다. 조금 더 일찍 병원에 가려고 아침을 거르는 게 습관이 되었습니다. 빨리 병원에 가려는 생각에 심지어는 아침 경건의 시간도 그만 두었습니다.

병원에서의 일들도 갈수록 악화되었습니다. 전에 전혀 훈련받은 적이 없는 수술도 하기 시작했습니다. 저는 참으로 어처구니없는 의료 상황에 맞닥뜨리곤 했습니다. 이제껏 제가 받은 의료 훈련을 무색케 할 정도의 일들이 일상적으로 생겨났습니다. 몇 명의 환자들을 살리지 못해 저는 너무 당황했습니다. 그 먼 곳에서 이곳까지 어떻게 왔는데, 생명을 구할 수가 없다니! 심각한 질병에 걸린 환자들을 위한 장비들은 미비했습니다. "만일 우리에게 그 장비만 있었다면…" 이 말을 중얼거린 때가 얼마나 많았는지 모릅니다. 우리는 발전기 한 대를 가지고 있긴 했지만 다만 밤중에 한두 시간 정도만 사용할 수 있을 뿐이었습니다. 그러니 설사 장비를 가지고 있었다 해도 항상 사용할 수도 없는 형편이었습니다.

그밖에 여러 가지 다른 일들이 이 어려운 상황 때문에 영향을 받았습니다. 아이들은 아빠인 저를 거의 보지 못했습니다. 제 태도는 변하고 있었습니다. 환자들에게 화를 내기 시작했습니다. 안전장치가 점점 자주 나가곤 했습니다. 우리에게는 약이 충분히 없는 것 같았습니다. 시간적인 여유가 있어도 복음을 전할 의욕이 없었습니다. 편지도 거의 쓰지 않았습니다. 가정예배는커녕 아내와 함께 하던 기도시간도 내팽개쳤습니다. 저는 제 꿈의 중심에서 멀어지고 있었습니다. 벳시는 살림과 아이들 양육에 전념하고 있었고, 또 자매회 모임을 인도하는 일이나 선교사의 아내로서 응당 해야 할 자잘한 일들을 잘 감당하고 있었습니다. 그러나 간호사로서 받았던 훈련이 선교지에서 전혀 사용되지 않고 있다는 사실에 크게 낙담했습니다. 과연 그녀가 받았던 교육은 아무 쓸모가 없는 것인가요? 간호사 공부를 위해 드렸던 그 시간들이 아이들을 돌보는 일로 그냥 허비되고 말아야만 하는 것일까요?

벳시는 선교사의 생활과 사역에 크게 실망했습니다. 그녀에게 상황이 어떻게 돌아가고 있는지 말해주는 사람이 아무도 없었습니다. 그녀는 자신을 초청한 선교회가 자신을 배신했다고 느꼈습니다. 그녀가 꿈꾸던 선교 사역은 전혀 실현되지 않았습니다. 당시 우리는 서로의 감정에 대해 이야기할 시간이 거의 없었습니다.

교회의 인도자들은 저에게 선교사로서의 일들을 더 많이 기대하기 시작했습니다. 진료에 더 많이 힘쓸수록 그들은 교회 일에 더 많이 헌신할 것을 요구했습니다. 저는 제 어깨 위에 놓인 엄청난 일들로 인해 서서히 균형이 흐트러지기 시작하고 있는 것을 알게 되었습니다. 교회의 인도자들이 더 많이 요구할수록 저는 더 부족한 사람으로 드러났습니다. 우리 공동체 안에서 의료 선교사로서 제가 치르고 있는 희생에 대해 그들은 전혀 이해하는 것 같지 않았습니다. 그들은, 이상적인 조건 아래서 제가 집으로 가져가야할 돈이 얼마인지 아무런 생각도 개념도 없었습니다. 사실 저는 참으로 극소수에 불과한 의료 선교사였습니다. 거의 모든 선교사들이 복음을 전하고, 가르치고, 또 새 신자들에게 제자훈련을 할 수 있었습니다. 하지만 저는 그 모든 것을 할 수가 없었기 때문에 입에 불평을 달고 살았습니다!

 2년 반 정도 지나자 너무 지치고 메말라있다는 사실을 느끼기 시작했으며, 혹 건강이 나빠진 것은 아닌지 걱정하기 시작했습니다. 저의 도움을 필요로 하는 곳은 너무도 많았습니다! 환자들은 수를 셀 수 없을 정도로 많아 보였습니다. 분명 주님께서 건강을 주실 줄로 믿었습니다. 이미 심한 병이 들었는데도, 그토록 먼 곳에서 저를 찾아온 사람들을 진료하는 것을 멈출 수가 없었습니다. 참으로 많은 사람들이 저를 격려해주었습니다. 우리를 위해 기도하는 분들도 많았습니다. 여러 사람들이 선교지에 있는 우리를 후원하고 있었습니다. 하지만 저는 예전처럼 일찍 일어나지 못하는 제 자신을 발견했습니다. 늘 잠이 부족했습니다. 일찍 일어나면 도저히 일을 할 수가 없었습니다. 저는 어찌해야 했을까요? 저는 육체적으로나 정서적으로 완전히 탈진되었고, 무엇이 영적인 것인지 분별력도 잃어버렸습니다.

 3년째쯤 되었을 때, 저는 이제 더 이상 지속할 수 없다는 생각이 들었습니다. 여러 가지 생각들로 정신을 차리기가 어려웠습니다. 계속 머무른다 해도, 영적이고 선한 어떠한 일을 할 수 있겠다고 장담할 수가 없었습니다. 그러나 그렇다고 해서 제가 떠난다면, 이 사람들은 전혀 의료 혜택을 받지 못하게 될 것이 뻔했습니다. 어디에서 또 다른 의사가 오게 될까요? 제가 본국으로 돌아간다면 그것은 곧 실패가 될 것입니다. 저는 이전에 이런 식으로 실패해본 적이 없었습니다. 어떻게 저를 후원하던 분들과 교회, 부모님들, 그리고 가족들의 얼굴을 볼 수 있을까요? 저의 온 생애가 와르르 무너질 것처럼 보였습니다. 경력 선교사로서 3년 이상 있는다 해도 잘해낼 자신이 없었습니다. 다른 사람들은 어떻게 이런 상황들을 감당했을까요? 제가 일종의 겁쟁이인 건가요? 무언가 조치를 취하지 않으면 제 가족과 결혼생활은 완전히 기대에 어긋날 것이 분명해보였습니다.

저는 지금 본국에 있습니다! 결국 돌아왔습니다. 물론 사람들이 돌아온 이유에 대해서 궁금해 했습니다. 여기저기서 질문들이 쏟아졌습니다. 저는 "제발 그만 하라!"는 말을 할 수가 없었습니다. 그 질문들은 저를 난처하게 했습니다. 사람들은 지극히 사적인 질문들도 하곤 했습니다. 저를 후원했던 사람들이 보내준 후원금과 그들이 열심히 드렸던 기도들 때문에 내내 괴로웠습니다. 그저 지난 일이라고 덮어둘 수가 없었습니다. 저는 이 모든 일들에 아주 진저리가 납니다. 이제 저는 병원에서 일자리를 찾을 수 있기를 바라고, 또 본국에서 전처럼 다시금 정상적인 가정생활로 돌아가기만을 바랄 따름입니다.

추신: 제 말에 귀를 기울여주셔서 감사합니다. 제가 겪은 환멸감을 퍼뜨리고자 이 편지를 쓰는 것이 아님을 알아주셨으면 합니다. 다만 선교사들도 매우 평범한 사람들임을 알아주셨으면 하는 마음으로 이 편지를 썼습니다. 선교사들도 다른 사람들과 똑같이 많은 문제들과 곤경들에 부딪힙니다. 그리고 저 역시 수개월을 지나면서, 처음으로, 정직한 것이 치유를 가져온다는 것을 배우고 있습니다.

Letter 12
제 12장
과부가 된 선교사의 아내

사랑하는 친구 수에게

　나는 이제 혼자야. 찰스가 떠났다는 사실을 믿기가 너무 힘이 들어. 계속 함께 섬길 수 있을 거라고 생각했어. 지난 수년간의 세월을 돌아보면, 그 시간들이 모두 어디로 사라진 것인지 의아하기만 해. 지난 시간 동안 우리는 참으로 놀라운 교제를 나누며, 같이 섬겨왔어. 찰스가 주님과 함께 하기 위해 본향으로 떠난 후, 난 그저 망연자실 앉아서 과연 무얼 할지 생각해보았어. 어디로 갈 것인가, 또 어디로 가야 하는가? 물론 장례식을 마치고 집으로 돌아가야 하고, 가족들과 친구들도 만나야 했고, 또 주님이 하라고 하시는 일이 무엇인지 알아보아야만 했지. 집에 가서 그토록 많은 사람들을 대면하는 일은 무척 힘이 들었어. 아이들은 여기저기 흩어져 있었고, 여러 친구들은 와서 같이 지내자고 제안하더군. 하지만 난 아직 젊은 편이고, 또 내게 맡기신 것으로 느껴지는 많은 사역이 있어.

찰스와 난 함께 소명을 받았지만, 해외 사역에 있어서 각자 특정한 목표를 가지고 있었지. 주님이 우리를 부르시는 음성을 들었고, 우리는 갈 준비가 되었다고 느꼈어. 우리는 의사나 교사가 되는 훈련을 전문적으로 받지는 않았지만, 그럼에도 가라는 소명을 받았던 거야. 우리는 그렇게 살던 마을과 본국과 도시와 교회를 떠났어. 모든 것을 버렸지. 우리가 선교지를 향해 가졌던 열정은 결코 잊을 수가 없을 거야. 심지어 지금도 난 그것을 추수하는 주인이신 주님으로부터 직접 온 것으로 체감하고 있어.

찰스 또한 선교사로 가는 것에 대해서 아무런 의심이 없었고, 우리 중 어느 누구도 주님이 우리 손에 쥐어주신 쟁기를 잡고 뒤를 돌아보고자 하지 않았어. 쟁기에 두 개의 손잡이가 있는 것처럼, 우리는 각자의 손잡이를 두 손으로 굳게 붙들었던 거야. 우리 쟁기질의 목표는 거칠고 메마른 영혼들의 마음 밭을 기경하는 것이었어. 우리는 종종 서로를 쳐다보긴 했지만 결코 뒤를 돌아보진 않았어. 우리 각자는 서로가 큰 기쁨과 만족의 원천이었어. 물론 우리 각자가 특별한 부르심과 사역이라고 느끼는 만큼 쟁기질이 항상 올곧게 진행된 것만은 아니었던 것 같아. 그렇다고 다른 길로 나간 것은 아니고. 몇 차례 덜커덩 거리며 쟁기질을 하곤 했을 거야. 각자 독특한 사람들이고 또 다른 은사를 받은 만큼 항상 같은 일들을 한 것은 아니었지.

아이들이 태어나자 우리는 정확하지 않거나 올곧지 않은 부분들에 대해 약간의 조정을 해야 했어. 그리고 그러한 일들을 통해 사역의 조화와 리듬을 회복할 수 있었고, 이전보다 더욱 잘 챙기질 할 수 있었지. 우리는 아이들과 함께 안식년을 보내기 위해 본국에 돌아오고자 했고, 다시금 소명감과 성취감이 우리를 전율케 하는 것을 느끼고 싶었어. 우리는 종종 주님이 우리 손을 통해 이루신 일에 대해 말했고, 우리가 어떻게 함께 동역했으며, 우리가 함께 섬긴 그 수많은 세월들에 대해 어떻게 느끼는지에 대해 이야기를 나누었지.

찰스는 무한한 인내심과 현지인들처럼 생각하는 능력을 가진 참으로 사랑스런 사람이었어. 찰스는 우리가 아는 극소수의 선교사들처럼 현지인들의 감정과 느낌을 읽을 수 있었지. 그는 그 나라 말을 참 잘했어. 사람들은 그가 마치 현지인처럼 말한다고 칭찬하곤 했어. 난 그토록 헌신적으로 주님을 섬기는 유능한 사람이야말로 오래도록 이곳에 남겨두실 거라고 확신했었지. 때때로 우리는 은퇴에 대해 대화를 나누었고, 그것이 별 문제가 아니라고 생각했어. 우리 둘 다 많은 교훈을 배웠고, 후배들에게 나눠줄 많은 가르침을 가진 베테랑 선교사였어. 주님이 우리로 하여금 노년까지 섬기도록 해주시고 또 우리에게 하라고 주신 일들을 다 마치며 조용히 은퇴하게 하실 것은 너무도 확실해 보였구. 아! 나는 그렇게 되기를 얼마나 소원해왔는지 몰라. 하지만 "하나님의 방법은 우리의 방법과 다르며, 또한 그분의 생각은 우리의 생각과 달랐어."

주님은 우리의 삶에서 참으로 중요한 시점에서 그를 데려가셨어. 나는 아직도 어떻게 그를 데려가실 수 있는지 믿기지가 않아. 아이들이 아버지를 이토록 필요로 하고 있는데, 내가 그 사람 없이 어떻게 이 모든 일들을 감당할지 모르겠어. 그는 아이들과 다른 많은 젊은 사람들과 잘 소통하는 지혜를 가지고 있었어. 아이들은 그들 삶의 매우 중요한 결정을 해야 하는 시기에 들어섰지. 그들은 직업과 이성 친구를 선택하는 문제에 봉착해 있으며, 아이를 낳아 기르는 막중한 과업을 시작하고 있구.

우리는 종종 우리 손주들을 보는 기쁨과 경이로움에 대해 이야기하곤 했었어. 찰스는 손주들에게 참으로 좋은 할아버지가 되었을 거야. 그는 아이들을 사랑했고, 또 그곳 현지 아이들에게 헌신적이었지. 아이들은 찰스 주변에 모이는 걸 좋아했구. 그는 아이들의 장난감을 고쳐주었고, 그들과 함께 간단한 놀이를 즐기곤 했어. 그가 만일 더 오래 살았더라면 주님께서 그 작은 소년과 소녀들의 영혼을 추수하시는 놀라운 모습을 보았을꺼야. 주님께서 우리에게 주실 손주들에게 미쳤을 선한 영향력을 생각하지 않을래야 않을 수가 없네. 내겐 할아버지가 안 계셨지만, 우리는 우리의 자녀들이 안겨다줄 손주들과 함께 놀아주고 시간을 보내기를 얼마나 고대했는지 몰라.

나를 놀라게 한 건 현지인들이 그를 정말로 그리워하는지 도무지 모르겠다는 거야. 그들은 마치 그저 그런 사건으로 여길 뿐, 자신들 각자의 생활을 계속할 뿐이야. 그들은 찰스의 죽음이 일과 사역에 있어서 얼마나 큰 손실인지를 이해하지 못하고 있는듯 보여. 그들의 삶과 그 지역 교회에서 찰스가 얼마나 중요한 사람이었는지를 잊어버린 걸까? 그들은 내가 느끼고 있는 허탈감과 슬픔을 전혀 이해하지 못하고 있는 것 같아. 그들에게는 가족의 죽음이 충격적이거나 그들의 생각에 영향을 주는 사건이 아닌 것 같애. 장래에 대해서도 안목이 없어 보이고, 만일 찰스가 살아 있더라면 어떻게 되었을지 깨닫지도 못하는 것 같아. 그들은 아무렇지도 않게 그저 자신들의 생활을 계속할 따름이야. 내가 찰스를 얼마나 그리워하고 있는지, 또 얼마나 외로운지 묻지도 않아. 이게 그들의 문화인가 봐. 그들의 문화를 알고 있다고 생각했었는데. 이런 상황에 처한 나를 어떻게 생각하고 있는지 궁금하기만 해.

우리가 원했던 만큼 아이들과 함께 시간을 갖지 못했다는 것이 후회가 돼. 선교의 일은 항상 긴급했고, 우리는 언어를 배우고, 문화를 이해하고, 사역을 진척해나가길 원했지. 그래서 항상 우리는, 인생의 황혼기나 되어서 우리 자녀들에게 주지 못했던 시간을 손자손녀들에겐 주리라고 생각했던 것 같아. 이 모든 것들이 나쁘게 끝나는 연극 같아 보여. 모든 것이 다 잘될 줄 알았는데... 우리는 있어야 할 곳에서 조금 벗어나 있었고, 가족들과의 시간은 원할 때에 얼마든지 가능할 것이라 생각했어. 그런데 너무도 갑자기 찰스가 떠나버린 거야.

선교본부에서 우리는 현지인들과 평화롭게 지냈지. 젊은 사람들 몇 명이 잘 성장해주었고, 몇 년 후에는 그들에게 책임을 넘겨줄 수 있을 정도였어. 찰스는 종종 그들이야말로 차기 사역에 관한한 가장 중요한 사람들이라 말하곤 했어. 만일 우리가 함께 두세 번의 사역 기간을 더 가질 수만 있었다면, 우리 삶과 사역은 정말 멋진 결말을 맺었을거야. 천천히 그리고 조금씩 사역을 물려주면서, 그들로 하여금 사역에 대한 책임을 갖고 사역을 성장시키도록 격려했지. 그런 다음에야 안식년을 위해 본국으로 돌아갈 수 있었구. 그리고 다시 돌아와 몇 년 동안 사역 기술을 연마하고, 여러 문제들을 해결하고, 더 많은 젊은이들이 믿음 안에서 굳건히 서는 모습을 보리라 생각했지. 전심사역자가 되면 좋겠다고 생각되는 사람들이 제법 있었어. 그래서 우리는 그들을 후원하는 계획을 세웠고, 그들을 온전히 훈련시켜 주께서 수년전에 우리에게 주신 사역들을 계속해나가기를 원했지.

아! 수, 미안해. 너무 두서 없이 말하는 것 같네. 우리의 생애와 사역이 잘 마무리되도록 세웠던 계획들만 떠벌리고 있는 것 같아. 이런 생각들이 순전히 이기적일 수도 있겠지만, 그러한 것들이 항상 나의 마음을 스치고 지나가곤 해. 지금 내가 하는 일이라곤 항상 "찰스는 어떻게 반응했을까? 또 그는 어떻게 처리했을까?" 하고 자문하는 것 뿐이야. 그는 과연 무슨 말을 하고, 어느 방향으로 가고자 할 것인지? 그러면 어떻게 조언했을지? 하지만 이 모든 것이 아무 부질없는 일로 끝나곤 해.

이제 나는 무엇을 해야 할까? 여기 머물러 우리가 시작했던 그 사역을 계속해야 할까? 분명한건 나로서는 하나님이 찰스를 불러 하라고 하셨던 일을 대신 할 수 없다는 거야. 찰스가 그토록 신뢰했던 젊은이들을 제자훈련 시킬 능력이 나에겐 없어. 여러 지역을 여행하며 격려를 필요로 하는 사람들을 일일이 심방해서 말씀을 전할 수도 없구. 아, 나는 무엇을 해야 할까? 딸아이 중 하나는 자기랑 함께 살자고 해. 내 생각이지만 찰스와 난 그동안 잘 해냈어. 그런데 그렇게 하면 모든 것을 포기하고 그냥 귀국하는 것밖에는 아무 것도 아닌 것으로 끝날거야. 그 아이는 미혼이고, 물론 우리는 잘 지낼 수 있을 거야. 어떻게 해야 하나? 완전히 새로운 삶을 시작할 수는 없잖아. 또 무언가 할 일을 찾는다는 것도 어렵구. 홀로 생활한다 해도 먹고 살려면 직장을 구해야 하는데, 이것도 내게는 쉬운 일도 아니고. 수년 동안 수풀을 헤치며 운전해왔는데 또다시 운전을 새롭게 배워야만 해.

또 다른 딸아이도 자기와 함께 살아야 한다고 말해. 그건 도시 삶을 의미하는 것이라 싫어. 딸애는 주님께 그리 헌신되어 있지 않기 때문에, 만일 내가 교회에 시간을 드리려면 딸애와 한바탕 전쟁을 치러야 할거야. 아마도 그 애는 찰스와 내가 그리스도인으로서 해서는 안 되는 일로 주의를 주었던 많은 일들을 하기를 원할거야. 그 애는 우리가 염려해온 그런 남자와 연애 중이야. 결혼한 아들도 함께 살면 어떻겠느냐고 물어보았지만, 나는 딸아이가 아니라면 두 여자가 함께 한 지붕아래 사는 것은 원치 않아. 물론 적당히 잘 지낼 수도 있겠지만, 그들은 번영과 부요한 삶의 스타일을 가지고 있는데, 나는 선교사로서 그런 삶에는 익숙하지가 않구.

문제는 단지 집으로 돌아가는데 있는 것이 아니라 선교 사역을 그만 둔다는데 있어. 그냥 떠나 버리면 그 다음에는 무슨 일이 일어날까? 찰스와 나는 우리의 삶을 이곳에 쏟아 부었는데, 그냥 떠난다는 것은 사역을 내팽개치는 것처럼 보이잖아. 나는 주님이 신실하시다는 것을 알고 있어. 하지만 여기 성도들은 너무도 어리고, 인도자들은 전혀 다른 방향으로 가버릴 경향이 농후하며, 또한 이리들은 모든 것을 찢어놓을 기회만 엿보고 있어. 우리는 훌륭한 명성과 길이 남을 사역을 남겨두고 싶었어. 우리의 계획은 착착 진행되어 가는 듯 했구. 하지만 이젠 모든 것이 불가능한 일이 되어 버렸어. 우리가 수년 동안 일궈 둔 이 모든 사역을 계속 이어갈 준비가 되어 있어 보이지 않는 어린 선교사들에게 어떻게 이 모든 것을 넘겨줄 수 있을까?

본국에 있을 때 이 모든 것들 중에 가장 어려웠던 것은, 내가 있어야 할 곳이 없는 것 같았다는 거야. 나는 집회에 참석했고, 물론 사람들은 나에게 친절하게 인사를 건네왔어. 그들은 어떻게 지내는지 물었고, 사역은 어떻게 되어가고 있는지, 또 우리가 함께 했던 삶에 대해서도 많은 질문들을 했어.

어느 성도는 이제 어찌할 거냐고 묻더군. 내가 무엇을 해야 할지 전혀 알지 못하는 것이 답답할 뿐이야. 또 다른 성도는 아이들 중에 누구와 함께 살게 되냐고 물었어. 또 어떤 성도는 "남편이 없으니 이제 많은 돈이 필요 없겠네요. 그렇죠?" 하고 묻기도 했지. 누군가 또 면전에서 그런 말을 할 것을 생각하니 전신의 힘이 빠져나가는 것 같아. 교회의 젊은 청년들은 내가 누군지조차 몰라. 그들은 선교가 실로 무엇인지 전혀 모르고 있구, 선교사를 위해서 기도도 하지 않아. 이런 사실이 몹시도 당황하게 해.

교회의 인도자들은 이런 나의 상황에 대해서 어떻게 조치해야 할지 모르는듯 해. 물론 그들은 나에게 친절하고, 또한 동정어린 말을 건네곤 하지만 내가 무엇을 해야 하는지에 대해서는 아무런 말도 없어. 나는 사실 그들과 한 번도 의논하는 자리를 갖지 못했어. 사역에 대한 보고서를 제출하라는 요청도 받은 일이 없구.

나는 선교지에서 자매 성경 공부반을 인도했고, 많은 사람들을 도왔어. 하지만 파송교회에서 자매 성경공부를 인도해달라는 요청을 받은 일도 없어. 선교나 혹은 선교 사역에 대한 생각을 묻는 일도 없었구. 선교사들이 무엇을 필요로 하는지 아무도 묻지 않더군. "선지자가 자기 고향과 자기 집 외에서는 존경을 받지 않음이 없느니라."는 말씀이 절로 떠오르더군.

찰스는 항상 돈을 세심하게 관리했지. 그는 은행 계좌를 관리했고, 청구서를 결제했으며, 선물에 대해서는 감사서신을 보냈고, 세금도 정확히 냈고, 국민연금도 냈고, 나는 거의 모든 일을 그에게 의존했지. 그런데 항상 우리는 돈에 쪼들렸고, 매달 어떻게 살지 고민하곤 했어. 또 물질이 많이 공급되는 어떤 경우에는 주님을 섬기는 다른 일군들에게 도움을 줄 수 있었어. 하지만 재정에 관한한 나는 아무 것도 몰랐어. 어느 장로님이 이제 어떤 필요가 있겠냐고 물었을 때 나는 충격을 받았어. 그는 과연 무슨 뜻으로 그런 말을 한 걸까? 이제 본국에 돌아와 선교 헌금의 부담을 덜어줘야 한다는 뜻일까? 사실 본국에 온다 해도 생활은 여전할 거라고 생각해.

나는 트럭을 관리하거나 컴퓨터를 다룰 줄도 몰라. 선교본부에서 필요로 하는 것을 마을에 가서 사오는 것도 해본적이 없어. 또 누구에게 돈을 주어야 하는지도 모르고, 선교본부에서 일군들이 바쁘게 일하도록 채근할 줄도 몰라. 도시로 이사할 수도 없고, 사역의 수명은 다해가고 있는데, 선교부는 더 이상 나빠질 수도 없는 상황이야. 수! 부디 나를 위해서, 그리고 여기서 진행되고 있는 사역을 위해서 기도해줘. 나는 아무 것도 할 수 있는게 없어!

나는 그저 마음의 벽을 쌓고만 있어. 때로는 생각들이 멈추질 않아. 밤을 꼬박 새기도 해. 전에는 항상 찰스에게 물어볼 수 있었지. 그는 언제나 내가 알고 또 해야 할 일에 대해 적절한 대답을 해주었고, 그렇게 모든 일이 순조롭게 해결되었어. 그는 그토록 강했어. 하지만 지금 집은 비어있고, 여기 선교부는 조용하기만 해. 책상도 비어 있어. 침대도 비어 있고. 마치 나의 삶도 비어 있는 듯 보여. 물론 그리스도께서 계심을 알지만, 때때로 나를 붙들어주고,

얘기를 나누고, 이끌어주고, 내가 사랑받고 있음을 알려줄 누군가가 필요해.

마음 속의 모든 것들을 털어놓은 것 같아 마음이 훨씬 홀가분해. 사실 나에겐 대화를 나눌 사람도 없어. 그래서 이렇게 편지를 써야만 했던거야. 이렇게 길게 쓸 생각은 아니었는데... 너무 말이 많다고 나무라지는 말아줘. 나의 말에 귀 기울여주고 이해해줄 사람이 없어서 그래. 어쨌든 들어주어서 너무 감사해.

참으로 가까운 친구인 너에게 특별한 사랑을 담아,

안나

추신: 하지만 이 한 가지는 덧붙여야겠구나. 종종 찰스와 다시 만나게 될 날이, 그래서 이 모든 질문들에 대해서 다 대답하지 않아도 될 날은 참으로 멋진 날이 되리라는 생각이 들어. 이러한 생각이 잘못이라면 나를 용서해줘.

Letter 13
제 13장
준비된 선교사

파송교회에 보내는 공개 편지

 우리가 주님을 효과적으로 섬길 수 있도록 후원해주신 모든 분들께 감사를 드립니다. 이곳 선교지에서 섬긴 지난 15년을 뒤돌아보면서, 여러분께서 우리에게 놀랄만한 영향을 끼친 것을 발견하게 되었습니다. 여러분이 첫날부터 이제껏 우리를 도운 방법은 사도 바울을 향한 데살로니가 성도들의 관심이나 돌봄과 너무도 흡사한 것이었습니다. 그래서 여러분의 후원이 저희들에게 얼마나 놀라운 축복이었는가를 알려드리는 편지를 써야할 것 같은 생각이 들었습니다.
 우리는 지금 50대에 들어섰으며, 선교사로서 놀라운 사역의 시기를 회고하고 있습니다. 대부분 선교사들은 자신들이 어떻게 인도를 받으며, 또한 그것이 실제로 어떻게 역사했는지에 대해 잘 말하지 않는다는 것을 알고 있습니다. 하지만 저는 우리 삶의 방식을 통해 다른 사람들이 도움을 얻을 수 있다는 생각을 했습니다. 그렇습니다! 우리는 아직 일을 마친 것은 아니지만, 주님은 우리의 생각을 나누어야 할 필요에 대한 강한 부담을 주셨습니다. 우리는 종종 "여호와께서 길에서 나를 인도하사"라고 말했던 아브라함의 종을 기억하곤 했습니다. 우리는 주님의 인도하심에 우리 자신을 맡겼고, 주님은 그 모든 길에서 우리를 분명히 인도하셨습니다.

물론 우리는 많은 실수를 했고, 그러한 경험으로부터 여러 가지 특별한 교훈들을 배운 것은 사실이지만, 다시 떠올리고 싶지는 않습니다. 우리는 주님이 주신 몇몇 시험에서 실패도 했고, 그러한 비극적인 일들로부터 중요한 것들을 깨달았습니다. 선교사로서 정식 준비를 하지 않았다는 이유로 비난을 받기도 했습니다. 하지만 분명한 것은 주님은 우리 삶과 사역에서 바르게 행한 것들을 그분의 영광을 위해서 사용하실 수 있다는 것입니다.

제인과 저는 대학 시절 만났는데, 그때 우리는 둘 다 주님을 향해 열정적이었습니다. 저는 매우 세속적인 가정에서 자랐는데, 우리 집에서 하나님이란 말은 다만 욕을 하는데 사용하는 말이었습니다. 우리 부모님은 인생의 쾌락을 즐기는 것을 인생의 목표로 삼았기 때문에, 부모님과 우리 가족은 온통 쾌락만을 추구했습니다. 주말은 쾌락을 위한 것이었고, 우리는 쾌락에 푹 빠져 살았습니다. 누군가 제게 관심을 갖고 교회에 초청을 한 것은 고등학생 때였는데, 저는 그 교회에서 그리스도를 저의 구주로 영접했습니다. 저는 남은 고등학교 시절 1년을 하나님을 위해 살았습니다. 특별한 교회 친구들의 도움으로 저는 변화하고자 노력했습니다.

제인은 저와는 정반대로 기독교 가정에서 자랐습니다. 제인과 부모님은 교회에서 살다시피 했고, 그녀의 가정은 누구라도 환영하기 위해 항상 문이 열려있었습니다. 제인은 아주 어릴 적에 주 예수 그리스도를 자신의 구주로 믿었고, 마음에 주님을 기쁘시게 해드리는 삶을 살고자 결심을 했습니다.

우리는 대학교 구내 식당에서 만났습니다. 제인과 친구들이 식사 전에 머리를 숙이고 기도하는 것을 보았습니다. 그 모습은 참으로 인상적이었기에, 기도하는 그 소녀를 따라서 저도 기도하기 시작했습니다. 그로부터 몇 달 후 주님은 제인이 혼자 식사를 하고, 저 또한 혼자 식사를 하도록 함으로써 우리를 만나게 해주셨습니다. 그녀는 음식에 대한 감사 기도를 했고 저도 똑같이 그렇게 했습니다. 저는 그녀에게 식사를 같이 해도 되겠느냐고 물었습니다. 그녀는 제 제안을 받아들였고, 나머지 이야기는 소위 역사가 되었습니다.

제인은 교사가 되려고 준비 중이었고, 저는 엔지니어가 되고자 했습니다. 우리는 주님이 인도하시는 곳에서 주님을 섬기기로 결심하고 우리 자신과 및 우리의 일생을 온전히 주님께 드리기로 작정하면서 졸업을 했습니다. 졸업한 후에 우리는 결혼을 했고, 각자 직장 생활을 했습니다. 우리는 두 사람 모두 은사를 따라 섬길 수 있는 보통 규모의 교회를 찾고자 했습니다. 선교지로 갈 것은 확실했지만, 그때가 언제인지는 몰랐습니다.

교회에서 섬기다 보면 해외로 선교사역을 하러 갈 때를 알게 되리라는 확신이 들었습니다. 제인은 주일학교 교사로 섬기게 되었고, 저는 청년들을 돕는 일을 시작했습니다.

주님은 이러한 사역을 통해 열매를 주셨고, 우리는 거의 매주말 청년들을 초대하고자 가정을 개방했습니다. 주님은 우리에게 자녀를 주셨는데, 이것은 교회에서 우리의 역할이 늘어나게 했습니다. 당시에 우리는 그리스도인의 가정 생활에 대해 잘 배우고 싶어 하는 젊은 부부들에게 더 초점을 맞추게 되었고, 자연스럽게 갓 결혼한 젊은 부부들과 가정에 관한 문제들을 다루면서 성경공부를 하게 되었습니다. 우리의 두 자녀는 특별한 즐거움의 원천이었습니다. 우리 둘 다 가족이 많은 가정에서 자랐지만, 우리는 보다 작은 가정을 가짐으로써 주님이 우리를 선교지에 가도록 하셨을 때 가족 부양의 부담을 최소화시키고자 했습니다.

주님이 우리 마음에 어떤 나라에 대한 특별한 부담을 주신 것은 이 작은 규모의 성경 공부반에서 선교에 대한 토론을 할 때였습니다. 곧 그에 대해 기도하기 시작했고, 우리 마음은 확신으로 가득했습니다. 우리는 그 나라에서 섬길 수 있는 가능성과 어떻게 하면 선교하는 데에 필요한 것들을 잘 준비할 수 있을지에 대해 여러 모로 알아보기 시작했습니다. 다른 여러 나라에 대해 기도해왔지만, 주님은 말씀과 다른 성도들의 확증을 통해 이 지역이 우리의 선교지임을 확실하게 해주셨습니다.

우리는 백과사전에서 그 나라에 대한 글들을 찾아보고 인터넷을 통해서도 검색해 보았습니다. 그래서 우리는 그 나라의 관습과 문화와 필요들에 대한 지식을 얻을 수 있었습니다. 이러한 비전을 나눈 일은 격려가 되었는데, 이러한 우리의 노력에 다른 성도들은 관심을 나타내 주었고 그밖에 많은 정보들을 얻을 수 있었습니다.

주님이 선교사역을 위해 특정한 나라로 우리를 부르신 것을 알게 되었을 즈음, 저는 이미 집사로서 교회의 많은 활동에 관여하고 있었고, 그 일은 신약교회의 원리에 충실한 교회의 사역을 배우는 데에 도움을 주었습니다. 다른 집사들과 함께 우리는 우리의 책임이 무엇인지에 대해 알고자 성경을 연구했습니다. 우리 집은 개방되어 있었고, 우리는 교회의 많은 성도들과 이웃 사람들에게 매우 실제적인 방법으로 사역하고 있음을 알게 되었습니다. 부부로서 우리는 과부들과 미혼자들, 그리고 경제적으로나 사회적으로 매우 어려운 시기에 있는 많은 사람들을 돌볼 필요에 대해 민감하게 느끼고 있었습니다.

선교사역 준비의 일환으로 우리는 가서 섬기고자 하는 나라의 언어 공부를 위해 언어학원의 저녁반에 등록하기로 했습니다. 물론 선교사로 부르심을 받은 것은 알고 있었지만, 가능한 서둘러서 선교지로 가야한다는 강박감을 갖지는 않았습니다. 오히려 우리는 본국을 떠나기 전 가능한 한 많은 준비를 하는 것이 좋겠다는 생각을 했습니다.

이즈음 우리는 한 가족으로 우리의 전 생애를 결정짓는 매우 중요한 몇몇 결정들을 해야만 했습니다. 우리 주위에 있는 많은 사람들은 최소한 두 대 이상의 자동차에 수영장이 딸린 큰 집을 사고자 했습니다. 그들은 아이들을 비싼 사립학교에 보내거나 비싼 가구나 사치품을 집안에 들임으로써 큰 빚을 지기도 하고, 동호회의 회장직을 맡거나 하는 일들 따위로 점점 더 한 자리에 뿌리를 깊게 박는 일들을 함으로 다른 지역으로 이사하기 어려운 상황에 처하곤 합니다. 우리는 이러한 영역과 그 밖의 여러 가지 일로 도전을 받았습니다.

우선 우리는, 다른 사람들은 그럴지라도 우리 네 사람이 살기에 불편하지 않은 정도에서, 되도록 검소하게 살기로 결정했습니다. 우리는 주님이 우리를 해외에서 선교사로 섬기도록 부르신 것과 마찬가지로 국내에서도 선교사로 섬기도록 부르셨다고 믿었습니다. 우리는 이웃들과 우정 관계를 맺음으로써 복음을 전하는 일에 많은 시간과 노력을 쏟았습니다. 그리고 우리는 단지 다른 사람들이 그렇게 한다는 이유만으로 더 크고 좋은 집에서 살기 위해 옮겨 다니는 것이 하나님의 뜻이 아니라고 생각했습니다. 우리는 벽에다 거는 커다란 세계 지도를 사서 우리 앞에 있는 나라들을 주시하면서 그곳 상황을 위해 기도하고자 했습니다. "우리 이웃과 세계"라는 말은 지도 아래쪽에 새긴 우리 삶의 모토였습니다.

이즈음 우리는 제인이 전임 엄마(full-time mother), 또는 "전업주부"가 되기로 결정했는데, 곧 아이가 태어날 것이기 때문이었습니다. 직장에서 승진함에 따라서 제 수입은 전보다 늘어, 사실 우리는 더 넓은 집과 두 대의 차를 살 만큼 여유가 있었습니다. 저는 될 수 있는 대로 야근하는 것을 자제했는데, 아이들에게 더 많은 시간을 들이고 싶어서였습니다. 제인은 계속해서 자유롭게 교회와 지역 사회에서 섬기고 봉사했습니다. 우리 이웃 중 몇몇이 그리스도께 나아오게 되었고, 이에 교회에서 성도로서 함께 행복한 교제를 나눴습니다.

우리가 내린 또 다른 결정은 우리 자녀를 공립학교에 보내는 것이었습니다. 우리 교회의 많은 성도들은 자녀들을 기독교 학교에 보내거나 홈스쿨링을 했습니다. 그래서 우리가 아이들을 공립학교에 보낼 것을 결정했을 때, 이들로부터 심한 비난을 받았습니다.

하지만 그런 우리의 결정은 선교에 대한 우리의 헌신과 "온 세상으로 가라"는 성경의 명령에서 나온 것이었습니다. 이러한 결정 때문에 비난을 받았지만 저는 전혀 흔들리지 않았습니다. 왜냐하면 성경의 명령은 의문의 여지가 없는 것이기 때문입니다. 우리는 우리 자녀들에게 선교사가 되는 것이 과연 무엇인지에 대해 매우 실제적인 방식으로 가르쳐야 한다고 믿었습니다. 만일 주님이 우리를 선교사로 부르셨다면, 심지어 자녀들이 어릴지라도 온 가족이 함께 이 짐을 져야 한다는 결론에 이르렀습니다. 우리는 많이 기도했으며, 우리가 선교지로 떠나기 이전에 이미 공립학교에서 한 가족으로서 선교의 부르심에 헌신하지 않는다면, 그것은 실제 선교에 헌신하는 것과는 모순이라는 확신을 가졌습니다. "우리 학교와 세계"란 말이 우리의 모토에 더해졌습니다.

매일 아이들이 학교에서 집으로 돌아오면 무엇을 배웠고, 또 그들이 보고 듣고 배운 것들이 우리 믿는 이들의 삶에 어떠한 도전을 주는지에 대해 대화를 나누곤 했습니다. 아이들은 성경에는 없는 지식들에 직면했습니다. 1학년 때 우리는 아이들이 학교에서 처하게 될 논쟁거리들에 대해 가르쳤습니다. 고학년으로 올라갈 때마다 더욱 어렵고 자신들의 믿음에 큰 도전이 되는 것들을 직면해야 했습니다. 하지만 우리 아이들은 놀라운 영적 성장을 보여주었습니다. 저녁 시간 후 매일 밤마다 우리는 성경을 읽고 기도하는 시간을 가졌습니다. 또한 그날의 학교생활에 대해서 이야기를 나누었습니다. 종종 아이들의 학급 친구들을 위해서 기도했습니다. 우리 아이들은 학교를 자신들의 선교지로 보았고, 또한 한 가족으로서 우리가 선교해야 하는 소명에 더욱 깊이 헌신하게 되었습니다.

자기 친구들 가운데 몇 명이 그리스도께 나아와 우리 교회의 한 지체가 되는 것을 보며 아이들이 얼마나 흥분했는지 모릅니다. 우리 아이들의 영적 성숙도는 함께 주일학교에 나오는 또래 아이들에 비해 훨씬 앞서 있습니다. 이러한 결정을 내리도록 하신 하나님께 어찌 감사하지 않을 수 있겠습니까!

아이들과 함께 우리는 계속해서 해외 선교를 위해 어떤 준비를 해야 하는지 생각했습니다. 우리의 부르심을 알고 있는 어떤 성도는 왜 아직도 선교지로 가지 않느냐고 물었습니다. 어떤 문제가 있는지, 충분한 돈이 없어서인지, 그밖에도 많은 질문들을 해왔습니다. 이런 일은 전혀 우리를 괴롭히는 것이 아니었습니다. 우리는 주님이 오랫동안 선교사역을 준비하도록 천천히 인도하신다고 느꼈습니다.

이 기간 동안 저는 교회에서 말씀을 전해달라는 요청을 점점 더 많이 받곤 했습니다. 성경을 연구하고 사역을 준비하는 데에 많은 시간이 필요하다는 것을 알게 되었습니다. 밤에 잠을 이루지 못할 때가 자주 있었는데, 다음 주일에 전할 메시지를 준비해야 했기 때문이었습니다. 직장 또한 다소 변화가 있었는데, 즉 최근의 승진은 저로 하여금 시간을 좀 더 유연하게 활용할 수 있는 여유를 주었습니다. 기쁘게도 회사 사장님은 제가 회사에서 일하는 동안에 자유롭게 스케줄을 짤 수 있도록 허락해주었습니다. 주님은 제 직장을 번성하도록 축복해주셨고, 또한 직장일로 여행을 하는 동안에도 상처를 받은 교회의 성도들과 과부들을 심방할 수 있는 시간적 여유를 주셨습니다. 우리는 주님이 참으로 많은 것들로 우리의 준비를 도우시고, 가족의 필요들을 여전히 채우시는 것을 보고 너무도 놀랐습니다.

우리는 배우고 있는 선교지 언어로만 말하는 날을 가져야겠다고 결정했습니다. 우리는 테이프와 언어 학습용 CD를 구입해서 들었는데, 특별히 대학 언어 연수원은 매우 유익했습니다. 마침내 우리는 매주 목요일을 그 나라 언어의 날로 정했습니다. 매주 목요일에는 그 나라 언어로 방송되는 프로에 단파 라디오를 맞춥니다. 가능한 한 재미있게 배우고자 노력했습니다. 매주 목요일 저녁 식사 후에는 그 나라 언어로 성경을 읽는 시간을 가졌습니다. 그 날은 가족 중 누구도 우리말을 사용해서는 안 됩니다. 만일 우리말을 조금이라도 내뱉게 되면 식탁 위에 놓인 저금통에 500원을 벌금으로 내야 합니다. 처음에는 대단히 어려웠지만 아이들은 어른인 우리보다 더 빨리 그 언어를 배우고 습득했습니다. 저금통이 꽉 차게 되면 우리 가족은 그 나라 음식을 만드는 식당에 갔습니다.

보너스나 성과급으로 받은 돈이나 여분의 돈을 저축해서, 주님이 우리를 부르신 나라를 여행하기로 결정했습니다. 처음 여행을 갔을 때에는 정말이지 놀라웠습니다. 많은 것들을 보고 배웠습니다. 우리는 그동안 배운 언어를 사용했고, 그 나라 사람들은 우리가 자기네 언어를 배운 사실로 인해 얼마나 고마워했는지 모릅니다. 중요한 일들 가운데 하나는 우리가 수년 동안 연락을 취해온 선교사를 방문한 것이었습니다. 우리는 그 나라에 대해 자세히 물었고, 과연 우리가 어떤 사역을 해야 하며, 또 어디에서 사역하는 것이 적합한지에 대해 알고자 했습니다. 이런 방문의 결과로 우리는 시간과 돈을 절약할 수 있었고, 그 후로도 실제로 선교지로 가기 전에 몇 번 더 여행을 갔습니다.

경제적인 여유가 있을 때, 우리는 그 나라에 이미 파송된 선교사 부부를 지원하기 시작했습니다. 우리 교회에서 파송되지는 않았지만 우리와 비슷한 나이의 선교사 가정을 택했습니다. 아이들은 항상 이 가정을 위해서 기도했습니다. 성경 읽기 시간이 끝난 후 그들이 보낸 편지를 읽고, 그들이 지금 어떤 일을 하고 있는지 알게 되는 것은 참으로 기쁜 일이었습니다. 아마 우리도 같은 일을 하게 되지 않을까 하고 항상 생각했습니다. 가장 기뻤던 일은 이 선교사 가족이 우리를 방문한 일이었습니다. 그들은 우리 집에 머물렀습니다. 집은 비좁아 터질 것만 같았지만 아이들은 무척 즐거워했습니다. 우리는 매일 아침 "우리의" 언어를 사용하지 않고 선교지의 언어로 말하기로 했습니다. 다소 불편하긴 했지만 오후와 저녁에는 원래 우리말로 대화를 나누는 즐거운 시간을 가졌습니다.

두 번째 선교 여행을 다녀온 후 우리 교회의 장로님들은 제게 함께 장로로 섬길 의향이 있는지 물었습니다. 저는 참 젊었는데도 장로님들은 적극적으로 추천하셨고, 우리는 장로가 되는 것이 무엇을 의미하는지에 대해 이야기를 나누었습니다. 그분들은 제 신앙과 주님이 제게 주신 가르치는 은사를 검토했습니다. 그들은 교회와 선교에 대해서 어느 정도로 헌신되어 있는지에 대해 물었고, 어떻게 장로가 되어서 그 부르심에 합당한 자격을 갖출 것인지 알고자 했습니다. 그들은 주님이 제인과 저에게 목자의 마음을 주셨다는 것을 느꼈고, 그러한 목자적 관심을 실천할 기회를 우리에게 주어야 한다고 믿었던 것입니다. 그에 대해 수개월을 기도한 후에 우리는 장로로 섬기는 것을 받아들였습니다. 해외에서 선교사로 섬기도록 부르심을 받은 상태에서의 결정이었지만, 여전히 평안한 마음이었습니다.

그 후 5년 동안 섬기면서도 우리는 선교에 대한 헌신을 더욱 굳게 했습니다. 자녀들은 이제 주님이 우리를 부르신 것에 대해 분명히 알고 있었으며, 선교지로 이사하는 것에 대해 큰 기대를 가졌습니다. 우리는 15년 전에 우리가 내렸던 결정에 대해 교회가 더욱 더 협조적이 되어 가는 것을 발견하게 되었습니다. 우리는 장로들과 함께 배우면서 교회의 기능과 역할에 대한 실제적인 통찰력을 얻는 시간을 가지고 있다는 것을 깨달았습니다.

장로로서 저는 교회 성도들과 지역사회의 많은 문제와 어려움들을 해결하는 사역을 해야 했습니다. 우리는 사람들의 많은 어려운 상황에 직면했고, 성경이 그 문제에 대해 어떻게 말하고 있는지 살펴보았습니다. 제인은 성경과 삶의 문제들을 통해 배운 지식을 가지고 능숙한 상담자가 되었습니다. 많은 사람들이 그녀의 돌봄과 사랑을 찾아 나아왔습니다. 이제 주님이 선교지에서 절대적으로 필요한 리더십의 자질들을 우리 삶 속에서 형성하신다고 깨닫고 있습니다. 장로로서 저는 우리 교회가 후원하는 몇몇 선교사들의 입장이 되어서, 우리가 직접 선교지에 나갔을지라도 직면할 수 있는 많은 문제들을 발견했습니다. 주님은 이런 시간을 통해 선교 현장과 선교사들, 그리고 이질적인 문화 가운데 겪을 수 있는 갈등들을 이해하도록 가르쳐주셨습니다. 이것은 우리로 하여금 신중하도록 도와주었을 뿐 아니라, 우리가 비록 오랫동안 준비해오고 있었지만 여전히 완전한 준비가 되지 못했음을 깨닫도록 해주었습니다. 우리는 여전히 선교지에 대해 배울 것이 많다는 것을 알았습니다다. 하지만 뒤를 돌아보면, 그 시간은 타문화권 선교사로서의 사역을 위한 좋은 준비기간이었음을 깨닫게 됩니다.

우리의 준비 측면에서 가장 중요한 점은 직업과, 제가 15년 동안 경험했던 근로 환경이었습니다. 주님은 우리에게 돈을 관리하고, 돈의 가치를 바르게 생각하도록 가르쳐주셨습니다. 우리는 우리에게 필요하다고 생각되는 것들이 없이 사는 법을 배웠습니다. 제 인이 일을 하지 않았기 때문에 삶을 검소하게 살고자 했던 것은 선교를 준비하는 데에 좋은 환경을 만들어 주었습니다. 우리는 나가서 신용카드로 물건을 구입하는 대신에 특별한 물품들을 절약하는 것을 배웠습니다. 만일 우리 부부가 맞벌이를 했다면 곧바로 그랬을 테지만, 우리는 좋은 차로 바꾸거나 혹은 컴퓨터를 업그레이드 하거나 하지 않았습니다. 주님은 우리의 헌신을 도우셔서 저를 이해해주는 직장 상사를 주셨고, 기대했던 것보다 더 빨리 승진하도록 하셨습니다. 우리 두 사람은 주님이 우리의 믿음을 존중해주셨다고 믿는데, 왜냐하면 우리가 주님을 존중하고자 노력했기 때문입니다.

"나를 존중히 여기는 자를 내가 존중히 여기고"(삼상 2:30)

장로로서 저는 선교사역에 갓 입문해서 온갖 어려움을 겪고 있는 선교사 후보생들과 이야기를 나눌 수 있는 기회를 가졌습니다. 그들 중 다수는 오랫동안 실제 직장에서 일해본 적이 없었고, 생계나 사역을 위한 비용으로 얼마나 많은 돈이 필요한지 깨닫지 못하고 있었습니다. 그들은 교회 안에서 얼마나 많은 사람들이 선교후원을 위해 희생하고 있는지를 이해하지 못하고 있는 듯이 보였습니다. 장로들은 선교지로 나가기 전에 선교사들이 자신들에게 꼭 필요하다고 생각하는 것들을 적은 긴 목록을 보며 놀라움을 금치 못했습니다. 물론 어떤 선교사 후보생들은 사역에 대한 비현실적인 생각 때문에 선교지에 가지 못했습니다. 또 다른 후보생들은 교회를 통해 끊임없이 돈을 공급받아야 한다고 생각했습니다.

교회의 성도들 또한 제인과 제가 준비를 하는 데에 매우 중요한 역할을 했습니다. 저는 리더와 교사로서 그들의 영적 성숙에 대한 책임을 맡았습니다. 우리가 파송을 받았을 때에도 그 책임은 계속되는 것이 자연스러워 보였고, 실제로도 그러했습니다. 우리는 교회의 한 부분임을 너무도 분명히 느꼈고, 심지어 선교지에 나가서도 우리는 한 몸으로서 교회와 및 리더십에 있는 각 사람에 대해서도 책임이 있다는 사실을 알았습니다.

안식년을 맞아 본국에 돌아올 때마다 우리는 다시 리더십의 위치로 돌아올 수 있었고, 선교지에서 배운 영적인 통찰력들과 함께 계속해서 배워나갈 수 있었습니다. 선교사로서 저는 분명히 선교지에 있는 교회의 많은 활동과 리더십에 대한 책임을 지고 있었습니다. 하지만 본국에 왔을 때 저를 기꺼이 교회 리더십 중 한 명으로 영접해주었고, 단지 1년 동안이었음에도 참으로 제겐 필요한 것이었습니다. 리더십은 제가 경험한 것들을 값지게 했고, 저는 항상 그들에게 교회 안의 문제들을 어떻게 다루어야 하는지 묻곤 했습니다. 그토록 많은 영역에서 보여준 그들의 지혜는 참으로 훌륭했습니다. 우리가 함께 연결되어 있다고 느낀 끈끈한 연대감은 우리의 삶과 사역에서 대단히 큰 도움이 되었습니다. 본국에 있을 때 우리는 성경공부를 함께 하며 정기적으로 만났고, 우리가 선교지로 떠나있는 동안에 새로 교회에 나온 성도들과도 만남을 가졌습니다. 장로들은 우리를 파송한 교회에서 그들과 함께 안식년을 최대한 보낼 수 있도록 배려해주었습니다. 그들은 우리와 다시금 교제를 나누고, 우리를 필요로 하는 곳에서 쓰임 받기를 바랐고, 또한 우리 가족과 함께 보낼 수 있는 시간들을 만들었습니다. 그들은 그와 같은 힘이 있었고, 우리의 모든 필요들을 부족함 없이 채워주었습니다.

  선교 지원금을 인상하는 것에 대해서 우리는 한 번도 생각해 본 적이 없었습니다. 제가 장로로 섬길 때에는 너무도 자주 많은 선교사들이 찾아와서, 다만 얼마라도 정기적으로 후원해줄 수 있겠느냐고 묻곤 했었습니다. 하지만 우리가 선교지로 파송받았을 때 교회가 함께 선교사로 나가는 것이었기에, 교회는 우리의 필요를 채워줌으로써 우리에 대한 그들의 헌신을 보여주었습니다. 비록 교회가 정해진 월정 후원금을 보내진 않았지만, 교회는 공동체의 이름으로 주었고 많은 개인들 또한 후원에 동참했습니다. 그들은 자신의 일부를 보내고 있었던 것입니다! 이 시간들을 되돌아볼 때, 우리의 오랜 선교 준비가 교회로 하여금 우리의 사역과 하나 되게 함으로써, 그것이 교회의 가장 큰 축복 가운데 하나였음을 깨닫게 됩니다.

  장로들과 교회는 우리를 떠나보내는 것을 썩 내켜하진 않았지만, 그들은 우리가 부르심을 받은 것을 알았고, 또한 우리가 할 수 있는 한 최선을 다해 준비했다는 것과, 교회가 우리 뒤에 있으며 온 가족이 선교지로 갈 준비가 된 것을 알았습니다. 선교지에서 무슨 일을 할지 가만히 마음속에 그려볼 때, 놀라운 방법으로 분명한 깨달음이 우리에게 임했습니다. 우리에게는 이상한 일이었지만, 우리가 지난 15년 동안 했던 일을 선교지에서도 계속할 것이란 생각이었습니다. 그러한 결론은 참으로 놀라운 것이었습니다. 본국에서 항상 해오던 바로 그 일들을 앞으로도 한다는 것이었습니다. 같은 필요, 같은 은사, 같은 목표, 같은 문제들. 다만 나라가 다르고 문화가 다를 뿐입니다. 우리는 주님이 선교지에서 섬기도록 이제까지 지역교회에서 우리를 훈련시켜 오셨음을 발견했습니다. 이것은 참으로 옳고, 실제적이며, 또한 성경적으로 보였습니다. 사역지의 이동은 너무도 순조로운 것이었습니다.

우리는 전적으로 이질적인 문화에서 리더십의 자질들을 배워야만 했던 선교사들을 찾아갔습니다. 실패의 경우에 치러야할 대가는 너무 컸습니다. 그렇습니다. 비록 모든 일을 바르게 행하지 못했지만, 과거를 돌아볼 때 주님이 오랜 동안 우리의 소명을 존중해 주셨음을 깨닫습니다. 주님은 꽤 긴 기간 동안 준비하도록 우리를 인도하셨고, 우리가 본국에서 주님을 섬긴 모든 날들과 마찬가지로 해외 선교사역도 무리없게 해주셨습니다.

이제 우리는 과거를 돌아보며, 성경의 말씀과 같이 "하나님께서 지금까지 나를 도우셨다."고 말하고 싶습니다. 결코 우리가 한 것이 아닙니다. 우리의 이야기는 선교 사역을 위해서 실제적이고 유용한 준비를 하기 원하는 많은 사람들에게 큰 도움이 되리라고 믿습니다. 우리는 보통 규정된 (선교사역) 지침을 따르지 않았습니다. 대학을 마치고, 성경 학교에 가서 선교학 학위를 받고, 그 후에 기금을 마련하고, 그 다음에서야 선교지로 떠나는 것 말입니다. 우리는 전혀 다른 준비를 했습니다. 하지만 우리는 그 모든 준비에 대해 하나님께 감사합니다.

우리만 그 교회의 파송을 받은 선교사는 아닙니다. 제가 지금까지 말씀드린 것이 선교를 준비하는 유일한 방법이라는 뜻도 아닙니다. 몇몇 분들은 오랜 섬김을 위해 오랜 기간 준비하는 지혜를 나타냈습니다. 우리 교회는 지역교회에서 리더십의 자질이 드러나 더욱 개발할 필요가 있는 세 가정을 파송하는 기쁨을 누렸으며, 그 후에 리더로서 선교지로 파송했습니다. 그들 덕분에 교회는 보다 젊은 청년들을 교회로 끌어 들이게 되었고, 또한 그들을 리더십의 수준으로 양육해야할 필요를 느끼게 되었습니다. 그로 인해 본국의 교회가 건강하게 되는 것은 영광스러운 결과이며, 또한 자격을 갖춘 리더들을 밖으로 내보내는 것은 선교지에 크나큰 축복이 됩니다. 본국과 선교지의 교회들을 위한 그처럼 효과적인 계획의 일부분에 우리 자신도 포함된 것을 영광스럽게 생각합니다.

어떤 분들은 우리에게 "당신이 젊은 시절 선교지에 가서 언어를 배우고 복음을 전하는 등의 일들을 할 수 있었는데, 그렇게 하지 못한 지난 15년이 낭비였다고 생각하지 않으시나요?", "복음의 문이 열려 있는 시간이 짧다고 생각지 않으세요?", "가능한 한 빨리 직장을 구할 필요는 없잖아요?"라는 식의 질문들을 했습니다. 이 모든 질문 가운데 마지막 질문에 대한 답변은, 그것은 전혀 쓸 데 없는 질문이라는 것입니다. 사실 제게는 그 15년의 세월이 그리스도인으로서의 모든 경험 가운데 가장 유용한 시간이었다고 말씀드릴 수 있습니다. 네, 우리도 물론 실수를 했습니다. 하지만 그 모든 세월 동안, 그리고 그 이후에 배운 가장 심오한 교훈은, 제 생애를 통해* 주님이 이루셨고 또 이루고 계시는 일들보다 제 생애 가운데 ** 주님이 이루셨고 또 이루고 계시는 일이 더 중요하다는 사실입니다.

이제 우리 자녀들이 결혼함으로써 주님은 우리 가족을 더해주셨습니다. 그들은 선교지의 국제 학교에서 학업을 마쳤습니다. 그리고 우리는 그들을 대학에 보내기 위해 잠깐 본국에 들어왔습니다. 그들은 잘 해내었고 우리가 그 나이에 필요로 했던 것처럼 교회의 교제권 안에 잘 자리잡았습니다. 선교지에 있었을 때, 아이들은 우리에게 든든한 버팀목이었습니다. 그들은 어린 시절을 돌아보면서, 자신들이 건강한 가정과 균형잡힌 교회에서 성장하는 놀라운 특권을 누렸고, 또한 학교생활을 하면서 선교에 대한 관심을 고취시켰음을 깨달았습니다.

지난 날들을 돌아보며 우리의 삶과 사역을 형성했던 가장 중요한 것을 생각하게 되었습니다. 그것은 우리의 은사와 능력을 개발할 수 있도록 기회를 주는 가장 중요한 기관이 바로 건강한 교회라고 하는 것입니다. 우리 교회는 높은 수준의 책임을 요구함과 동시에, 우리에게 사역에 대한 많은 의무를 부여했습니다. '평균 이하의' 삶을 선택하고 우리 자녀들을 공립학교에 보내었던 일은 우리에게 선교사로서의 헌신을 더욱 심화시키는 '이웃 문화'를 주었습니다.

---

* 역자주 - through my life - 결과적 측면이 강조되고 있습니다.

** 역자주 - in my life - 과정적 측면이 강조되고 있습니다.

제인과 저에게는 주님 안에서 함께 자랐으며, 우리의 장점과 약점을 잘 아는, 그래서 우리 사역 팀의 가장 강한 부분인 형제자매들로 이루어진 한 팀이 있습니다. 우리는 그들에게 아무 것도 숨김이 없이 대화하며, 그들은 우리를 이해해주면서 약점을 강점으로 바꾸어주고, 낙심을 이길 수 있는 방법을 찾아줍니다. 그들은 우리를 위해 어떻게 기도해야 하며, 또 무엇을 기도해야 할 지 압니다. 우리는 그들과 그들의 지혜를 굳게 신뢰합니다. 우리가 선교지에 있든 본국에 있든 우리는 그들을 의지합니다.

우리가 떠나있는 동안 집을 세 놓는다거나, 교회의 정기적인 기도 편지들을 보내준다던가, 우리 지역에서 멀리 이사한 성도들과 우정관계를 계속 유지하는 등 우리가 부탁할 수 있는 일이 많이 있습니다. 이러한 일들과 그 밖의 일은 주님이 예비해주신 것이며, 또한 우리 삶을 풍성하고 만족스럽게 해주었던 일입니다.

저는 우리가 10년에서 15년 더 주님을 섬길 것을 생각하면서, 그렇게 하는 것이 가장 적절한 것으로 믿습니다. 실제로 그렇게 된다면, 우리는 교회가 전체적으로 선교에 참여함으로써 우리가 여전히 선교지에서도 주님을 섬기는데 유용한 분명한 이유를 보게 될 것입니다.

여러분은 선교사들을 위해 무엇을 할 수 있습니까? 여러분이 우리를 위해 했던 것처럼 다른 선교사들을 위해서도 그리 하신다면, 본국에서든 선교지에서든 그들의 사역에 다른 어떤 것보다 더욱 유용할 것이라고 말씀드릴 수 있습니다.

이와 같이 성경적인 계획을 실천함으로써 많은 교회의 장로들이 교회의 리더들을 보낼 수만 있다면, 온 세상이 복음을 들을 때까지 다른 사람들을 보내고 준비시키는 영적인 삶의 순환이 계속 될 것입니다. 우리는 만족스럽지는 않지만 사도 바울이 빌립보 성도들에게 말한 것처럼 "푯대를 향하여 그리스도 예수 안에서 하나님이 위에서 부르신 부름의 상을 위하여 좇아가노라"(빌 3:14)고 말할 뿐입니다.

주님이 여러분의 마음을 격려해주시길 바랍니다. 이는 여러분이 우리로 하여금 주님을 효과적으로 섬기는 놀라운 길을 준비하도록 도움을 주었기 때문입니다. 우리 모두가 영광에 들어가게 될 때, 상급에 참여하는 여러분의 몫은 더욱 클 것입니다. 이로써 우리 모두가 "예수 그리스도의 나타나실 때에 칭찬과 영광과 존귀를 얻게"(벧전 1:7) 될 것입니다.

기쁨으로 섬기며.

추신: 사도행전 13장에서처럼 오늘날에도 교회의 리더들을 선교사로 보내는 것이 실제로 가능하다는 생각이 들지 않으시나요?

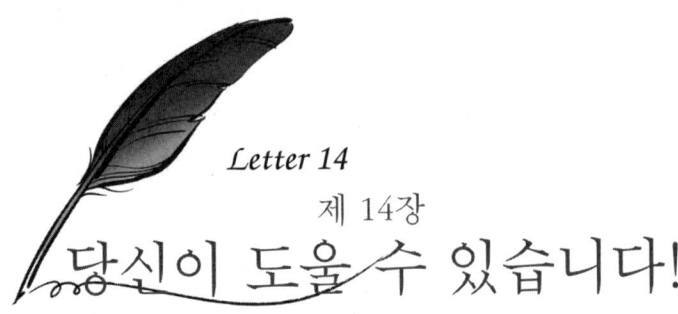

Letter 14
제 14장
당신이 도울 수 있습니다!

여기에 당신이 도울 수 있는 방법이 있습니다!

당신은 선교 편지들을 읽고 소화시킬 수 있는 시간이 있습니다. 당신은 이런 종류의 편지들에 대해 정기적으로 회신해줄 만큼 자신을 드려왔나요? 이 문제는 참으로 심각한데, 어떤 선교사가 제게 말했듯이 "가뭄에 콩나듯" 선교에 대한 관심이 사라져가고 있습니다. 이러한 상황들이 교회 안에서 퍼져나가는 것을 보게 되는데, 우리는 이에 대해 매우 서툰 자세로 대응합니다. 우리의 실제 행동을 보면, 우리는 문제를 전혀 이해하지도 못하고, 제대로 대처하지도 못하고 있을 뿐만 아니라 무엇을 할지 몰라 우왕좌왕하면서 그저 우리의 무능함만을 그대로 드러내고 있을 뿐입니다.

편지를 읽으면서 별다른 감흥이 없었을지라도 이미 당신의 감정은 어느 정도 표출되어 왔습니다. 어떤 사람은 눈물을 흘렸지만,

또 어떤 사람은 매우 분노했습니다. 많은 사람들에게서 동정심이 사라져버렸습니다. 대부분 우리는 선교사들의 정신과 마음의 현실을 이해하려고 노력하면서도 꾸물거렸습니다. 하지만 이러한 종류의 반응들은 실제로 전혀 도움이 안 됩니다. 우리 대부분은 편지지 한 장도 채우려 하지도 않았고, 우리와 선교사 사이를 갈라놓은 커다란 고랑을 뛰어넘으려고 애쓰지도 않았습니다. 큰 글자로 그저 "우리는 당신을 위해 기도하고 있습니다."라고 페이지를 채울 수밖에 없습니다. 물론 기도야말로 참으로 합당하고 받을만하며 기대되는 것입니다만, 우리 중 어떤 이들에게는 공허하고 허무한 단어로만 느껴질 뿐입니다.

그럼에도 이제 선교사의 동역자로서 그들을 도울 수 있는 몇 가지 방법을 제안하고자 합니다. 많은 선교사들은 자신들의 말을 아무런 판단 없이 그저 들어주기만을 바라고 있습니다. 대부분 효과적인 상담은 아무리 크게 비난받을만한 일일지라도 그 사람을 정죄함 없이 받아주는 것입니다. 모든 사람들처럼 선교사도 누군가 자신의 말을 들어주기 원합니다. 우리 사회는 듣는 기술을 배우지 못하고 있습니다. 우리들 대부분은 다른 사람의 말을 듣기보다는 우리 자신의 말을 들어주기를 좋아하고 있습니다!

방문

우리는 그저 늘 그래왔듯이 "요즘 어떻게 지내세요?"라고 가볍게 문안합니다. 하지만 사실은 조금도 알고 싶은 마음은 없습니다! 우리는 선교사들에게 "어떠세요?"라고 묻고는 더 이상 알고자 하지 않습니다. 이것이야말로 선교사들을 돕는 열쇠인데도 말입니다. 교회 휴게실에서 당신에게 선교지 이야기를 해주는 선교사들은 거의 없습니다. 하지만 조용한 곳에서 선교사와 함께 식사를 하게 된다면, 선교사의 이야기를 들을 수 있게 될 것입니다. 여러분이 정말로 선교에 관심이 있다는 것을 선교사가 알고 위로를 얻게 하기 위해서 이와 같은 일들이 지속되어야 합니다.

하지만 여러분은 선교사들을 위한 해답을 가지고 있지 않다고 변명합니다. 해답을 반드시 가지고 있을 필요는 없습니다. 그러나 관심만큼은 반드시 가져야 합니다. 선교사들도 다른 사람들처럼 사람들에게 그저 받아들여지기를 원하고 있습니다. 그것이 바로 이 책에 기록된 편지들을 선교사들이 써 보낼 수 없는 이유입니다. 선교사는 조심스럽게 작은 문제 상자를 열어 보이고 여러분이 어떻게 반응하는지 봅니다. 만일 여러분이 그 문제들에 대해 두려워하거나 정죄하지 않는다면 그들은 또 다른 상자를 열 것입니다. 그리고 그들이 어떠하든지 여러분이 그들을 사랑하고 용납한다는 사실을 완전히 확신할 때까지 하나씩 다른 상자들을 열어 보일 것입니다. 이러한 일들은 오랜 시간이 걸릴 수 있습니다. 하지만 정말이지 꼭 필요한 사역입니다.

더 나은 도움은 우리가 "긍정(affirmation)"이라고 부르는 것입니다. 우리 모두는 우리에게 의미 있는 어떤 사람들에게 긍정적인 존재가 되기를 원합니다. 어린아이들처럼 우리는 정죄보다는 칭찬에 의해서 동기가 부여됩니다. 선교사들은 자신이 하는 일이 얼마나 가치 있고 칭찬받을만한 일인지 확인받고 싶어 합니다. "당신은 위대한 일을 하고 있습니다!"는 말이 "무엇 때문에 그런 일을 하느냐?"는 말보다 더욱 오래 기억될 것입니다. 물론 선교사들이 마음속 은밀한 것들을 쏟아놓는 그 모든 것들에 대해 전부 다 좋게 여길 수만은 없습니다. 하지만 우리는 그들에게서 긍정할만한 것들을 자세히 찾습니다. 이를 테면 그들의 사역이나 헌신에서 참으로 훌륭하고 칭찬할만하다고 여겨지는 부분을 찾는 것입니다. 대양을 건너게 한 그들의 헌신을 생각할 때 그들에게서 이런 면들을 찾아낸다는 것은 사실 그리 어려운 일은 아닙니다.

선교사들은 누군가 자신을 참으로 이해해주는 사람이 있기를 바랍니다. 우리가 지금 하고 있는 일들에 대해 솔직히 말하자면, 사실 대부분의 경우 기초가 부실한 흔해 빠진 반응들에 불과합니다. 그들의 이야기를 들으면서 우리의 무지와 그들의 실제 경험 사이의 틈을 좁힐 만한 요소들을 짚어내야 합니다. 우리의 가족, 우리의 교회, 우리의 섬김과 직업은 반드시 선교사들이 직면하고 있는 문제들과 어떤 식으로든 연관을 맺어야만 합니다. 선교사들이 살아가는 삶은 여느 신자들의 삶과 다르지 않습니다. 한 사람을 온전히 이해하려면 그 사람이 처한 상황이 특이한 것이 아니라는 것과, 또한 주님과 다른 사람들도 이전에 사람을 이해하는 일을 중요하게 다루셨다는 사실도 알아야만 합니다.

이 책에서 묘사된 부류의 선교사들을 돕는 데에 가장 중요한 요소는 아마도 "책임감(accountability)"일 것입니다. 책임감을 갖는다고 해서 일어나고 있는 모든 일에 반드시 동의할 필요는 없습니다. 사실 실제적인 책임감의 주요 부분은 잘못된 것을 바로잡는 자유이며, 다른 누군가를 변화시키는 충고입니다. 그리고 이런 수준의 책임감까지 이르려면 그 중심에 신뢰가 굳게 자리 잡고 오랜 시간에 걸쳐 관계가 형성되고 또 발전되어야 합니다. 서로 그것을 어떻게 받아들이는지 지켜보는 가운데 다양한 문제 상자들이 개봉됩니다. 설령 그 문제에 관해 분명한 반대의사를 표시하더라도 서로에 대한 확신과 긍정이 여전히 존재하고 있다면, 관계 가운데 발전은 계속 진행 중인 것입니다. 견고한 관계는 긍정(approval) 위에서만 세워집니다.

안식년을 맞은 선교사가 본국에 있을 때, 만일 여러분이 매주 그를 만날 만큼 헌신되어 있다면 그 때에야말로 선교사를 도울 수 있는 절호의 기회입니다. 물론 이렇게 하는 것이 쉽지 않지만, 그러나 선교사가 선교지에 돌아간 후에도 관계를 유지하는 데에 좋은 토대가 됩니다. 그 후에는 우편이나 전화를 통해 계속해서 관계를 발전시킬 수 있습니다.

진정한 도움은 시간과 헌신이 요구됩니다. 또한 경청하는 태도와 신뢰와 정직도 필요합니다. 누군가와 함께 시간을 보내는 것은 그 자체로도 그 사람에게 자신이 소중한 존재라는 마음을 갖게 합니다. 낙심한 선교사는 자신들이 무가치하다는 생각을 하곤 합니다. 여러분이 그들과 함께 시간을 보냄으로써 그들의 자존감을 세워주고 실제적인 도움을 주기 위한 문을 여는 것입니다. 그들이 여러분에게 소중한 존재라는 것을 알게 되면, 하나님께도 소중한 존재라는 생각을 갖게 될 것입니다. 주님과 사람들을 향한 그들의 섬김으로 이미 그들은 충분히 소중한 존재들이지만, 종종 선교사들도 여러분의 인정을 구한다는 사실이 간과되고 있습니다.

속 깊은 이야기도 터놓을 수 있는 "친밀함(confidentiality)"은 격려 사역을 참으로 효과적으로 수행하는 열쇠입니다. 마음 속 깊은 것까지 서로 나누었던 의견과 감정들은 우리를 향한 그들의 신성한 신뢰를 나타냅니다. 그러니 다른 사람들과는 함부로 공유할 수 없습니다. 우리는 여러 차례 설명하기 힘든 상황에 처했지만 무슨 일이 일어나고 있는지 입술을 굳게 다물어야 했습니다. 우리에겐 경고나 권면의 말을 할 수 있는 기회가 여러 차례 있었지만, 정작 말을 꺼낼 기회는 흔치 않았습니다. 오히려 '우리가 하는 일에 대해 당신은 어떻게 생각하십니까?' 라고 물어오길 기다려야만 했습니다. 한편 그렇게 물어오는 선교사들은 흔히 우리의 조언과 평가에 의해서 사역을 더욱 잘 감당하는 사람들이었습니다. 오히려 "실패하고 있는" 선교사들은 거의 질문을 하지 않으며, 종종 자신들이 최상의 사역을 하고 있다고 자만하고 있었습니다.

어떤 선교사들의 경우엔 자신들의 마음을 여는 데 오랜 시간이 걸립니다. 이렇게 마음을 여는 일에는 남자는 남자를 필요로 하고, 여자는 여자를 필요로 합니다. 이상적으로 말하자면 각각의 배우자를 위한 외부의 도움이 있어야 합니다. 그래야 치유가 총체적일 수 있습니다. 여러분의 가정을 개방하십시오. 필요할 때면 언제든지 선교사들에게 사용이 가능하도록 해주십시오.

선교사들이 마지막으로 필요로 하는 것은 "설교를 통한 말씀의 공급"입니다. 물론 그들은 성경을 잘 알고 있고, 우리 중 다수가 여태껏 들어온 것보다 더 많은 설교를 해왔습니다. 하지만 성경에서 나온 생각을 따라 그들과 개인적인 기도를 하는 것은 매우 바람직한 일입니다. 선교사들은 실제 인격적인 교제의 증거인 다른 이들과 더불어 기도하는 일에 느슨해질 수 있습니다. 솔직한 고백 가운데 서로에 대한 헌신으로서 함께 기도하는 것은 관계에 커다란 능력을 가져다줍니다. 진정성이 없는 피상적인 기도는 우리가 듣고 말한 모든 구절들을 그저 반복하는 일에 불과합니다. 설교조의 잔소리보다는 솔직한 기도와 함께 증거되는 성경의 한 구절이 위대한 연합과 치유를 가져옵니다.

편지

하지만 선교지에 방문해 본 일이 없는 여러분 앞에 한 통의 편지가 놓여 있습니다. 여러분은 이 책에서 읽은 것과 같은 내용으로 가득한 편지를 물끄러미 바라보고 있습니다. 사실 여러분은 이 책에 실린 것과 같은 편지를 받기보다는 선교사들과 함께 선교지를 방문해 그들과 얘기하고 싶을 것입니다. 이제껏 저는 선교와 관련하여 다양한 경험을 했지만, 여러분이 여기서 읽은 내용과 같은 편지를 읽어본 일은 없습니다. 그럼에도 많은 선교사들을 만나면서 그들의 마음으로부터 나오는 말들을 들을 수 있었는데, 이 편지들에서 다루고 있는 내용들로 가득한 것들이었습니다. 우리 대부분은 선교사들을 방문하지도 않고, 그저 식탁에 앉아 "요즘 지내기 어떠세요?"라고 묻곤 합니다. 그래서 이런 책이 나오게 된 겁니다. 하지만 여러분은 서로 서신을 주고받아야 하는 것 아닌가요?

어쨌든 답장을 써야합니다. 답장을 안 쓰는 것은 당신이 읽은 선교사의 공개적인 고백에 대해 심한 정죄를 하는 것이기 때문입니다. 편지는 그들이 읽고 힘을 얻도록 긍정을 제공해주는 데에 필수적입니다. 선교사들이 부르심을 받아 일구고 있는 사역에 대해서 참되고 진실하게 감사를 표하는 것은 참으로 합당한 일입니다. 어쩌면 여러분은 우리가 이제껏 읽은 편지들을 대수롭지 않게 여기고 그에 대해 별다른 관심이 없었을지도 모르겠습니다. 그렇게 한 것은 교회에게 은혜의 선물을 구하고 다음에 교회를 방문했을 때에 선교사들이 무엇을 하며 또한 어디서 섬기는지에 대해 진지한 질문을 해줄 사람을 얻고자 상세한 내용의 편지를 보낸 선교사들을 낙심시키는 일입니다.

여러분이 쓰게 될 답장은 하나님께서 여러분으로 하여금 답장을 쓰게끔 감동을 준 선교사의 편지 내용과 관련이 있어야 합니다. 선교사가 현재 겪고 있는 모든 것을 완전히 알지는 못하지만 그들을 충분히 이해해줄 수 있는 인식이 생겼음을 표현하는 것은 선교사들에게 큰 기쁨이 될 것입니다. 선교사로 하여금 여러분이 돌보고 있으며, 또 (편지를) 읽고 있음을 알게 하는 것은 대단히 중요합니다. 그들의 삶과 사역의 일부분이 되고자 하는 갈망과 돌봄이 여러분의 편지에 스며있어야 합니다.

여러분이 어려운 시간을 지나면서 주님이나 다른 이로부터 도움을 받은 몇몇 경험들과 관련해서 편지를 쓰는 것도 영적인 후원이 될 수 있습니다. 만일 선교사가 어떤 이유로 실패감을 느끼고 있다면, 그는 결코 실패하거나 절망한 적이 없는 사람의 말을 들을 필요를 느끼지 못할 것입니다. 서로 다른 영역의 실패라 하더라도 정직은 정직과 만나야만 합니다. 주님은 우리가 누군가를 돕기를 바라듯이 다른 사람들을 통해서 우리를 도우십니다.

헌신이나 봉사의 어떤 측면에 대한 감사를 선교사들의 사역과 희생에 관련된 합당한 구절과 함께 편지에 써 넣을 수도 있습니다. 당신이 주저앉았을 때에 주님이 당신을 격려하고자 사용하셨던 한 구절이 어떤 선교사들에게는 큰 축복이 될 수 있습니다.

선교사가 직면하고 있는 구체적인 문제에 대해 신뢰를 바탕으로 기도해주겠다는 제안과 함께 정기적인 서신을 주고받는 일에 선교사를 초청하십시오. 만일 아무런 응답이 없다면, 또 다른 짧은 서신을 써서 당신이 관심을 가지고 있으며, 선교사가 처한 상황을 적절히 대응하기 위한 최신 기도제목들을 알기 원한다는 사실을 알리십시오.

개인적인 방문의 경우와 마찬가지로 선교사들이 마음의 문을 열지 않는다면, 이 편지들이 말하고 있는 것과 같은 문제들에 대해 어느 누구와도 이야기를 나눌 수 없을 것입니다. 하지만 우리의 할 일은 문을 열어 견고한 관계 가운데 서로 문안과 격려, 문제들과 충고들을 서로 주고받는 것입니다.

어머니가 된 선교사

아마도 선교지에서 개인적인 방문이나 긍정적인 편지에 의해 크게 도움을 받을 수 있는 사람이 바로 "어머니"일 것입니다. 선교의 소명을 받았음에도 자신의 선교 사역에 전념하지 못함으로써 영적인 만족이 없는 상태에서 전임으로 "어머니" 사역을 하고 있는 선교사들이 있습니다.

그러한 사람들에 관해 성경은 결혼을 선택하는 것이 곧 자신의 배우자를 자신의 사역보다 우선시하는 것임을 분명히 하고 있습니다. 고린도전서 7장 32-34절은 "장가간 자는 세상일을 염려하여 어찌하여야 아내를 기쁘게 할꼬 하여 마음이 나누이며 시집가지 않은 자와 처녀는 주의 일을 염려하여 몸과 영을 다 거룩하게 하려 하되 시집간 자는 세상일을 염려하여 어찌하여야 남편을 기쁘게 할꼬 하느니라"라고 분명히 말하고 있습니다. 이처럼 신성한 선언의 영향력을 받아들이는 것이 쉽지 않습니다. 따라서 종종 처녀의 몸으로 선교지로 부르심을 받았다고 느끼는 여성들은 정신적으로 자신의 모든 힘을 남김없이 선교에만 쏟아 붓고자 합니다. 이러한 정신은 동일하게 헌신된 선교사가 나타날 때에야 결혼으로 옮겨지게 됩니다.

 그들은 함께 사역하며 자녀들이 생길 때까지는 충분히 만족스러울 정도로 성취감을 경험합니다. 자녀들로 인해 생기게 된 추가적인 책임이 항상 어머니들의 에너지를 선교 사역에 전적으로 쏟아 붓지 못하도록 하는 것은 아닙니다. 사실 마음과 생각의 갈등은 자녀들을 최우선적인 선교지로 보지 않을 때 일어나는 것입니다. 왜냐하면 자녀들을 돌보아야 한다는 엄청난 책임감이 이제 어머니들에게 생겨남과 동시에, 이루지 못한 선교 사역에 대한 부담감도 생겨나기 때문입니다. 지혜로운 아버지는 어머니가 된 선교사로 하여금 우선적인 헌신의 대상이 곧 자녀들임을 점차적으로 깨닫도록 해주면서 가능한 사역의 많은 짐을 자신이 감당하고자 할 것입니다.

 대부분의 부모들은 많은 시간을 자녀들보다는 사역에 할애함으로써 이러한 싸움에 부딪히는데, 왜냐하면 그들은 가정보다 사역을 우선시하기 때문입니다. 사도 바울이 우선순위 목록에서 결혼을 사역보다 앞에 두었을진대, 그렇다면 자녀가 사역보다 우선시되는 것이 합리적일 것입니다. 아버지들은 너무나 자주 사역에 힘쓴다는 이유로 자녀 양육을 어머니들에게 일임함으로써 양육의 기쁨을 포기해버립니다. 이것은 자녀 양육을 영적으로 무가치한 일로 여기게 하는 어두운 동굴에 어머니들을 가두는 셈이 되는 것입니다.

분명 우리와 그리스도와의 개인적인 관계는 다른 어떤 관계보다 우선합니다. 하지만 결혼관계는 복음 전파의 대상인 잃어버린 영혼과의 관계나, 가르치고 제자훈련을 하고자 하는 신자들과의 관계보다 우선시 되어야 합니다.

싸움은 종종 격렬해지는데, 왜냐하면 남편(아버지)들은 대개 계속해서 복음을 전하고, 가르치고, 설교하고, 제자훈련을 하고, 그들이 가서 섬기고 있는 신자들의 공동체를 훈련할 수 있지만, 그에 반해 아내(어머니)들은 자녀들을 양육하기 위해 사역과 및 공동체 활동을 다 그만 두어야 하기 때문입니다. 어머니들은 대부분 자신의 시간을 자녀들과 남편들에게 다 쏟지만 남편들로부터 무시받는 듯한 느낌을 받습니다. 많은 결혼들이 아이를 출산함과 동시에 배우자, 특별히 남편에게서 아이에게로 관심과 주의가 옮겨지면서 대단히 심각한 도전을 받습니다. 하나님은 아버지들보다 어머니들이 육체적으로나 감정적으로 더 적절하게 자녀들의 필요를 충족시키도록 계획하셨습니다. 이러한 섬김의 구분이 결혼생활의 긴장요소가 되는 것입니다.

선교지에서 나타나는 결과를 보면 아버지들이 가족관계 안에서 잃어버린 성취감을 얻기 위해서 더욱 선교 사역에 몰두하는 것을 볼 수 있습니다. 이렇게 선교사가 주의 일에 더욱 **빠져들수록** 엄마들은 자신이 아이들을 양육하는 아주 "천한" 사역을 하고 있다는 생각의 덫에 걸려듭니다.

 자녀를 양육하는 일을 천한 일로 생각하게 한 것은 현대 여권 신장론자들의 주장의 결과입니다. 하지만 여성들이 직업세계에서 자신의 능력을 인정받고 최고 경영자의 자리에 오를지라도, 결혼을 하거나 아이를 갖게 됨으로써 엄마로서 그 자리를 포기해야만 할 때, 오히려 여권 신장의 모순이 강화되는 것을 볼 수 있습니다.

 따라서 상담의 방향은 여성론자들의 철학을 초월해서 결혼은 인생을 완성하는 과정이며, 또한 그 자체가 완성이라는 성경적 가치관으로 나아가야 합니다. 엄마가 되는 것은 선교사가 되는 것보다 더 고귀한 소명입니다. 만일 당신이 결혼을 선택한다면 주님은 당신에게 자녀를 주실 것이며, 섬김에 대한 대상과 책임이 바뀝니다. 자녀를 주실 때 하나님께서는 섬김의 최우선순위를 하나님 자신에게서 자녀로 옮기십니다. 고린도전서 7장 32-33절을 읽으십시오.

 우리가 살아가는 자아 성취의 세상에서는, 당신이 결혼하고 자녀를 가질 때 하나님께서 우선순위를 주님을 섬기는 일에서 당신의 가족을 섬기는 것으로 바꾸신다는 성경의 단순한 진술에 동의하기가 쉽지 않습니다. 하지만 하나님의 말씀을 신뢰하십시오. 어머니(그리고 아버지)들의 최우선의 선교지는 바로 주님이 부모들에게 주신 자녀들입니다.

 과거 세대의 많은 선교사들은 이 사실을 받아들이는 것을 거부했기에, 비록 자녀와 아내를 잃는다 해도 계속해서 선교 사역에 자신을 헌신했습니다. 선교사들은 자신들이 주님을 섬기는 동안 고린도전서 7장의 말씀을 어기면서 자신의 배우자를 홀로 남겨 두었습니다. 많은 선교사들은 "주와 복음을 위해 자기 자녀들을 버린다."

는 생각으로 자기 자녀들을 〈기숙사 학교〉로 보냈습니다. 우리는 이러한 말들을 선교사들의 입술을 통해서 여전히 듣고 있습니다. 하지만 결과적으로 어떤 선교사는 '세상은 구하였을지 모르지만 자기 자녀들은 잃어버리고 말았습니다.'

한편 어떤 선교사들은 사역은 전혀 하지 않고 계속해서 자녀들만 낳았습니다. 그들은 "선교사로서" 해외에서 섬긴다고 하면서 자기 자녀들에게 온 삶을 투자하느라 선교 사역을 위한 시간은 거의 내지 못하고 있었습니다. 자녀들이 많은 부부의 경우에는 주님을 섬긴다고 하면서 선교지에서 자녀들을 양육하느라 그들의 자원과 주님의 것을 낭비하기보다는, 차라리 본국으로 돌아와 자녀를 양육하는 것이 합리적인 것으로 보이기도 합니다. 어떤 부모들은 본국에서 멀리 떨어진 타국에서 자녀들을 양육하는데 드는 큰 비용을 기꺼이 지불하고자 했습니다.

적은 수의 선교사들만이 많은 시간과 노력을 요구하는 대가족을 부양하면서도 일주일에 40시간을 선교사역에 드릴 수 있습니다. 이러한 이유 때문에 상대적으로 작은 규모의 가정을 가진 부모들은 자신의 가족이 정상 운영될 때까지 수년 동안 가정을 우선적으로 돌보는 지혜를 발휘할 필요가 있습니다. 그 후에야 그들은 부부로서 시작한 선교사역에 다시금 자신을 헌신할 수가 있습니다.

하지만 마음이 분산됨으로써 갈등 가운데 있는 어머니를 돕는 것은 그녀 자신의 진정한 행복을 위해 대단히 중요합니다. 주님이 남편들에게 가정에 대한 책임을 맡기셨으나 다른 가족들에게 무엇을 하도록 명령하는 위치에 두신 것이 아닙니다. 따라서 젊은 어머니들로 하여금 자신의 자녀들에게 시간과 에너지를 투자하는 것이 성경적이라는 사실을 볼 수 있도록 돕는 것은 가장 잘 하는 것입니다. 우리는 주님이 정하신 가정의 원리(pattern)를 따라 어머니들이 쉴 수 있도록 도와야 합니다. 하나님의 자녀로서 하나님과 맺는 관계가 어머니들에게 가장 우선입니다. 두 번째 순위는 남편이고, 세 번째 순위가 자녀들입니다. 이러한 순서를 따라 먼저 최선을 다한 다음에야 어머니들은 선교 사역에 최소한으로 참여하는 정도에서 추가로 봉사할 수가 있습니다.

여성을 위한 모든 편의 시설이 구비되어 있어서 시간을 절약할 수 있는 현대 세상에서도 여성들이 그토록 많은 역할에 온전히 성공한다는 것은 불가능해 보입니다. 전임으로 아내의 역할을 하고, 전임으로 어머니 역할을 하면서도, 또 전임으로 직업 여성이 된다는 것, 그것도 직업이 선교사라면 도저히 불가능합니다.

경건한 어머니들은 주안에서 위로를 발견하고 주님이 주시는 말씀을 통해 힘을 얻습니다. 하나님의 인도하심을 의지하는 것은 성경적으로 섬길 수 있는 자유를 줍니다. 본국에 있는 사람들은 그녀가 "선교지에서 하는 역할이 무엇인지" 의아해하며 도무지 이해하지 못합니다. 하지만 어머니들은 주님이 자신에게 맡기신 사역에서 최선을 다하고 있습니다. 마침내 자녀들은 성장할 것이고, 그녀를 복되다 할 것이며, 그녀의 남편은 선교지에서 헌신적으로 섬겨준 아내를 그 행한 일을 인하여 성문에서 칭찬하게 될 것입니다.

우리는 자신의 가족들이 주님을 모르거나 주님께 순종하지 않는 슬픈 일을 당하는 선교사들과 대화를 나누어왔습니다. 모든 민족에게 하나님 나라를 전파하는 일에만 관심을 가진 나머지 자기 자녀들에게 하나님 나라를 전파하는 일에는 실패했기 때문입니다.

그들은 자신의 무덤까지 이러한 고통을 지고 가게 될 것이며, 의심의 여지없이 그리스도의 심판대 앞에서 그 슬픔을 목놓아 울게 될 것입니다.

우리는 선교사들과 계속해서 연락하면서 그들에게 "위대한 일을 하고 있다."는 사실을 상기시키고 있습니다. 당신이 자녀들을 위해 당신 자신을 희생적으로 헌신했고, 그러한 헌신이 자녀들의 마음과 삶에 큰 의미가 되었기에, 아마도 가장 위대한 일은 당신의 자녀들이 진리 안에서 행하는 것을 보는 일일 것입니다. 당신의 자녀들이 하나님의 가족이 되고, 세상과 교회, 심지어 선교회에서 세운 기준들에 도달했다고 느끼는 것은 더없이 큰 기쁨입니다.

선교사 자녀들

자녀들은 이 세상에서 가장 귀한 존재입니다. 하지만 그들은 낯선 문화에서 자라나고 있습니다. 그들은 고국의 삶의 기준과 옷, 그들이 살고 있는 나라의 문화와는 현저히 다른 것들을 받아들이도록 배웁니다. 우리가 안식년을 맞아 고국에 돌아가면 자녀들은 꽤나 큰 충격을 받습니다. 그들은 종종 고국의 스포츠나 유행 등에 아무런 관심을 갖질 않습니다. 우리는 집에 있고 아이들만 집회에 가야만 할 때, 그들은 자신들이 구경거리가 된다고 느낍니다. 그들은 예절바르게 행동해야만 합니다. 왜냐하면 부모로서 우리는 우리의 삶이 우리 자녀들에 의해서 판단 받고 있음을 알기 때문입니다. 하지만 그들은 많은 경우 그런 것에 관심이 없습니다.

당신이 그들에게 관심을 갖고, 그들과 관계를 형성함으로써 영향을 줄 수 있습니다. 아주 소수의 사람만이 우리 아이들에게 실제적인 흥미나 관심을 나타냅니다. 당신은 그들과 시간을 함께 보냄으로써 우리 선교사를 도울 수 있습니다. 당신의 자녀들이 우리 아이들과 함께 어울리도록 격려해줌으로써 도울 수가 있습니다. 우리가 본국에서 안식년을 보내는 동안 그들에게 당신 집에서 함께 밤을 보내자고 물어주십시오. 당신이 당신의 자녀들을 패스트푸드점에 데려갈 때 그들도 함께 데려가주십시오. 남자 아이들에겐 스포츠 잡지를, 여자 아이들에겐 여자 아이에게 맞는 합당한 잡지를 권해주십시오. 그들에게 당신이 캠프에 참석할 예정이며, 그곳에서 육체적으로 영적으로 좋은 시간을 보낼 계획이라고 귀띔해주십시오.

당신의 자녀들과 같은 또래의 자녀를 둔 선교사 가정을 선택하시고, 그들을 위한 책임을 감당하십시오. 그들과 당신의 삶을 마음속에 그려보십시오. 차이점과 유사점을 체크해보십시오. 당신의 자녀들에게 선교사 자녀들을 위해 어떻게 기도해야할지를 가르치십시오. 자녀들에게 아이들이 놀이기구로 사용할 수 있는 장난감 돈을 선교사 가정에 보내도록 해보십시오. 아이들이 즐거워할 수 있는 것들을 담은 작은 상자를 보내보십시오. 당신이 실제로 그런 관계를 맺는다면 선교사 가정도 안식년으로 본국으로 돌아왔을 때 당신의 가족을 찾아와 보고 싶어 할 것입니다.

서로 사랑하라

우리는 서로 섬기도록, 즉 서로 돕고 격려하며, 섬기고 권면하며,

책망하고, 짐을 지고, 서로를 위해 기도하도록 부르심을 받았습니다. 우리가 속한 지역교회 안에서 그리스도의 몸의 지체들에게 그리스도의 몸의 사역을 행하는 것처럼 선교사들에 대해서도 그렇게 해야 합니다. 다른 문화와 다른 영적인 배경 가운데 있는 선교사들은 자신들이 사랑받고 있다는 사실을 알 필요가 있습니다. 또한 바로 우리가 그들에게 그 사랑을 나누어주는 통로라는 사실도 알려 주어야 합니다. 고린도전서 13장을 요약해보면 서로에 대한 우리의 책임을 기술하고 있는데, 무엇보다도 우리가 결코 만나본 일이 없는 민족에게 하나님의 사랑을 가져다주기 위해 이 세상 삶의 안락들을 버린 사람들에 대한 우리의 책임에 대해 말하고 있습니다. 고린도전서 13장을 묵상하면서 우리의 책임을 다하십시오.

"내가 사람의 방언과 천사의 말을 할지라도 사랑이 없으면 소리나는 구리와 울리는 꽹과리가 되고 내가 예언하는 능이 있어 모든 비밀과 모든 지식을 알고 또 산을 옮길 만한 모든 믿음이 있을지라도 사랑이 없으면 내가 아무것도 아니요 내게 있는 모든 것으로 구제하고 또 내 몸을 불사르게 내어 줄지라도 사랑이 없으면 내게 아무 유익이 없느니라 사랑은 오래 참고 사랑은 온유하며 투기하는 자가 되지 아니하며 사랑은 자랑하지 아니하며 교만하지 아니하며 무례히 행치 아니하며 자기의 유익을 구치 아니하며 성내지 아니하며 악한 것을 생각지 아니하며 불의를 기뻐하지 아니하며 진리와 함께 기뻐하고 모든 것을 참으며 모든 것을 믿으며 모든 것을 바라며 모든 것을 견디느니라 사랑은 언제까지든지 떨어지지 아니하나 예언도 폐하고 방언도 그치고 지식도 폐하리라 우리가 부분적으로 알고 부분적으로 예언하니 온전한 것이 올 때에는 부분적으로 하던 것이 폐하리라 내가 어렸을 때에는 말하는 것이 어린아이와 같고 깨닫는 것이 어린아이와 같고 생각하는 것이 어린아이와 같다가 장성한 사람이 되어서는 어린아이의 일을 버렸노라 우리가 이제는 거울로 보는 것같이 희미하나 그 때에는 얼굴과 얼굴을 대하여 볼 것이요 이제는 내가 부분적으로 아나 그 때에는 주께서 나를 아신 것같이 내가 온전히 알리라 그런즉 믿음, 소망, 사랑 이 세 가지는 항상 있을 것인데 그 중에 제일은 사랑이라" (고전 13:1-13)

Letter 15
제 15장
우리를 위해 기도해주세요!

기도로 돕는 동역자들에게

저는 전부터 당신의 기도가 필요하다는 점을 깊이 인식해왔습니다. 선교사로서 우리 모두는 사역에 대해, 우리의 섬김에 대해, 일에 대해, 그리고 우리가 하고 있는 일과 관련된 모든 일들에 대해 기도를 필요로 합니다. 하지만 우리를 위해 기도해달라는 요청을 자주 하는 편도 아니고, 그렇다고 구체적으로 요청해 본적도 없는 것 같습니다. 하지만 우리 입술에서는 "우리를 위해 기도해주십시오."라는 말이 절로 터져 나올 뿐입니다. 소위 "선교사"로 불리는 우리가 직면하고 있는 구체적인 난관들을 드러내어 놓고 말하는 것이 더 속 편할 듯 싶습니다. 당신은 기도해달라는 요청을 따로 들을 필요가 없습니다. 또 언제, 어디를 위해서, 또 왜 우리가 기도해야만 하는지에 대해서도 재차 들을 필요가 없습니다.

하지만 무엇을 기도해야 하는지에 대해서는 도움이 필요할 것입니다. 기독교 서점에 가보면 기도에 관한 책들이 엄청 쌓여 있지만, 몇 권 안 되는 책들만이 신자가 무엇을 기도해야 하는지를 제대로 다루고 있을 뿐입니다. 선교사로서 여행을 다니다보면, 처음 보는 사람인 저에게 "당신을 위해 날마다 기도하고 있어요!"라는 말을 자주 듣곤 합니다. 그 말은 제가 들을 수 있는 말들 중 가장 격려가 되고 또 저를 겸손케 하는 말들 가운데 하나입니다.

다른 경우 어떤 분이 "앞으로 당신을 위해 기도해드리겠습니다."라는 말을 해준다면, 저는 또 이에 대해서도 감사를 느낍니다. 하지만 만일 저를 잘 아는 사람이 그렇게 말한다면 저는 "무엇을 위해 기도하겠습니까?"라고 물을 것입니다. 실제로 어떤 경우에는 이렇게 해서 난처한 상황을 만들기도 했습니다. 왜냐하면 그들은 자신들이 실제로 무엇을 기도해야 할지 모르고 있었기 때문입니다.

주님의 종으로서 사람들에게 기도해달라고 부탁하는 일은 바로 사도 바울의 본을 따르는 것입니다. 바울은 갈라디아 교회들을 제외한 다른 모든 교회들에게 자신을 위해 기도해달라고 부탁했습니다. 히브리서 기자도 기도를 요청했습니다. 신약성경에서 기도하도록 요청하는 많은 경우를 볼 때, 우리가 무엇을 기도해야 할지 관심을 가지는 일은 당연한 일입니다. 저는 안식년을 맞이해 많은 기도 집회에 참석하고, 또 기도를 주제로 한 수양회에도 참석한 이후에 사역지로 돌아왔습니다. 본국에 머무는 동안 사람들이 무슨 기도를 하는지 연구했습니다. 그리고 그 연구 결과를 보면서 참으로 실망했습니다. 안식년을 맞은 다른 어떤 선교사도, 내용은 없고 그저 산만하기만 한 선교 기도집회에 다녀왔노라고 제게 귀띔했습니다. 더욱 실망스러운 것은 제가 연구한 결과를 다른 그리스도인들과 나누고자 했을 때, 심지어 각 요점마다 성경적인 근거를 제시했음에도 그들의 반응이 매우 냉담하다 못해 대단히 도전적이었다는 것입니다. 다른 주제에 대한 그들의 반응과 비교했을 때, 유독 이 주제에 관해서만큼은 굉장히 변화하기를 꺼려했으며, 무엇을 기도해야 할지 배우고자 하는 갈망도 없다는 것을 확실히 알 수 있었습니다.

아주 간단한 방법으로 당신도 저의 연구 결과를 직접 확인할 수 있는데, 그것은 바로 "주께서 아무개와 함께 해주세요.", "주님 아무개를 축복해주세요." 따위의 매우 상투적인 기도들입니다. 문제 상황이 영적인 성격이든 물질적인 성격이든 간에, 이런 구절들은 거의 모든 상황을 위해 남녀노소를 막론하고 사용됩니다. 이를테면, "수술 중에 있는 아무개 의사와 함께 해주세요.", "말씀을 전하는 설교자와 함께 해주세요.", "선교지에 있는 선교사와 함께 해주세요." 등등 말입니다. 무슨 규칙인양 이러한 단조롭고 무의미한 표현들이 그저 계속해서 반복되고 있었습니다. 우리에게 "주께서 우리를 떠나지 않으시며, 또한 버리지 않으신다."는 사실을 상기시키는 신학교수는 필요치 않습니다. 하나님이 우리 안에서 사시기 시작한 날부터 우리가 주님을 잃을 수도 없고, 또 주님도 우리를 버리지 않으시기 때문에, 주님더러 우리와 함께 해달라고 기도할 필요가 없다는 사실을 따로 배울 필요가 있을까요?

두 번째, "우리를 축복해 주십시오."라는 구절도 마찬가지로 지루하게 사용되고 있습니다. 이에 대해서 성경은 분명하고도 단순

합니다. 대부분 축복이 의미하는 바는 어떤 문제, 지연이나 지체상황, 어려움, 질병, 시련 혹은 스트레스를 받는 상태에서 벗어나는 것을 말합니다. 또한 때로 성공, 순조로움, 칭찬, 그리고 동조자가 많을 때 "축복"이란 말을 사용하기도 합니다. 하지만 시련을 벗어나게 해달라고 기도하는 것이 선교사들에게는 계획된 하나님의 뜻에 반하는 기도가 될 수 있습니다. 주님은 그리스도를 닮기 위한 길이 고난과 환난과 슬픔의 길이라고 약속하셨습니다. 게다가 우리는 "주님의 귀한 피 흘리신 곳으로 나를 더 가까이 더 가까이 이끌어주소서"라고 노래하며, "그 고난에 참여함을 알려 하여 그의 죽으심을 본받아"라는 구절을 인용하면서도, 정작 그분의 고난에 더 깊이 이끄시는 일은 없게 해달라고 기도하는 것입니다.

저는 성경에 기도의 모범이 왜 존재하며, 또한 기도에 대한 성경적인 계획은 무엇인지 알아보고자 하는 열망이 생겼습니다. 바울은 분명하게 하나님에 대한 우리의 믿음 때문에 우리가 아브라함과 함께 복을 받았음을 말했습니다(갈 3:9). 아브라함 언약의 축복들이 우리 안에 내주하시는 그리스도로 말미암아 우리에게 온전히 성취되었음을 볼 수 있습니다. 베드로 또한 우리가 "생명과 경건에 속한 모든 것을"(벧후 1:3) 받았다는 사실을 상기시키고 있습니다. 확실히 이것은 우리가 복을 받았다고 하는 베드로의 진술 방식입니다. 그러므로 주님께 우리를 축복해달라고, 그분의 말씀과 설교자를, 그리고 선교사 등을 축복해달라고 계속 구하는 것은 모순되게 기도하는 것일 뿐 아니라, 주님이 이미 그리스도 안에서 신자들에게 주신 것, 또는 하나님의 자녀인 우리에게 이미 약속하신 것을 애써 구하는 셈인 것입니다. 따라서 "주님, 축복해주세요."라고 기도하는 것은 "주님, 함께 해주세요."라고 기도하는 것과 마찬가지로 불신앙에 해당하는 것입니다.

다른 많은 신자들과 제가 발견한 이와 같은 것들을 나누고자 했을 때, 저는 그들의 반응이 어떨지 전혀 예상하지 못했습니다. 성경에서 발견한 이처럼 단순한 개념들과 생각들을 교제했을 때, 그것은 항상 긁어 부스럼을 만드는 꼴이 되었습니다. 70년 동안 선교사로 섬긴 어떤 분은 제게 "주님은 내 기도의 진의를 아신다네. 주님은 우리가 기도를 어린아이처럼 하기를 원하신다네."라고 말씀하셨습니다. 또 어떤 분은 "어째서 우리가 말하는 바와 다르게 말하려고 하는가?"라고 물었습니다. 혹은 어떤 분이 제게 말한 것처럼 "당신은 정말 기도를 어렵게 만들고 싶어 하는군요, 그렇죠?"라는 반응도 있었습니다. 어떤 분은 "우리의 기도에 대해 재고해야 한다는 말인가!"라고 했고, 한 장로님은 저에게 "당신 앞에서는 이제 더 이상 기도할 마음이 없소."라고 말씀하기도 했습니다. 심지어 어떤 분은 "그러면 도대체 무엇을 기도하란 말인가!"라고 빈정거렸는데, 사실 이 질문은 기도하고자 하는 참된 열망을 가지고서는 거의 할 수 없는 질문이었습니다.

반면에, 제가 가르친 과목 가운데 이토록 많은 감사의 인사를 받은 과목도 없었습니다. 분별력 있고 성경적으로 기도하도록 돕고자 애쓴 것에 대해 많은 분들이 감사를 표했습니다. 선교사로서 우리는 사람들이 우리와 우리의 사역을 위해 기도해주기를 원합니다. 많은 사람들이 이 단순한 진리에 대해 특별히 고마워했는데, 어떤 사람들은 제게 "그것은 참으로 성경적입니다. 왜 제가 지금까지 그것을 몰랐는지 모르겠습니다."라고 말하기도 했습니다. 최근에 거듭난 한 그리스도인은 "그것은 주님이 제게 처음으로 가르쳐주신 것들 가운데 하나입니다."라고 했습니다. 또 어떤 사람은 "당신의 사역은 제가 매번 같은 말만 반복하던 짐에서 저를 해방시켜주었습니다."라고 했습니다. 이런 답변들과 그 외의 다른 많은 것들로 인해, 저는 이제 당신이 우리를 위해 기도하게끔 제 마음의 갈망을 밝히는 바입니다.

만일 당신이 대부분의 그리스도인들에게 "기도"를 믿고 있는지 질문해보면, 아마 이구동성으로 "그렇다!"고 대답할 것입니다. 그런데 만일 당신이 그들에게 "기도하는 것"을 믿느냐고 묻는다면 조금 다른 감정이 표현되는 것을 보게 됩니다. 기도를 믿는다고 할 때에는 대개 누군가에게 당신을 위해 기도해달라고 부탁하는 것으로 생각합니다. 그런데 기도하는 것을 믿는다고 할 때에 그것은 우리 스스로 기도하는 것을 의미하며, 또한 기도하는 사람들이 교회로 모이는 것을 뜻합니다. 우리는 기도 집회가 가장 인기가 없으며, 참석률이 저조하다는 것을 압니다. 아마도 기도집회에 참석하는 인원은 가장 소수일 텐데, 왜냐하면 교회 생활을 영위하는 데에 있어서 그다지 필요 없는 것으로 여기기 때문일 것입니다. 하지만 기도는 지역교회의 생명력을 나타내는 최상의 척도 가운데 하나입니다. 그것이 바로 저와 다른 많은 선교사들이 기도에 대해 관심을 가지게 된 이유이며, 또 이 글을 쓰게 된 이유도 바로 거기에 있습니다.

당신은 우리를 위해 무엇을 기도하시렵니까? 사람들이 우리를 위해 기도하도록 하려면 우리는 무엇을 해야 할까요? 우리에겐 이 질문에 대한 지침이 전혀 없는 것은 아닙니다. 우리에게는 충분히 연구할만한 가치가 있으며, 우리의 기도에 관한 성경적인 지침이 되는 영감받은 바울의 기도가 몇 개 있습니다. 사실 그러한 기도들이 성경에 보존된 주요한 이유 가운데 하나는 우리가 동료 신자들과 특별히 선교사들을 위해 기도할 때 바울의 본을 따르도록 하기 위한 것입니다. 잠시 시간을 내어 선교사를 위해 무엇을 기도해야 할지 제가 성경에서 발견한 것들과 제 자신의 삶 속에서 경험한 바들을 함께 살펴보도록 합시다.

첫번째, 선교사들이 영적으로 민감하도록 기도해주시기 바랍니다. 그리스도인의 삶 속에서 가장 극심한 경향은 단조로움 때문에 마음이 무디어지는 것입니다. 형식적인 반복은 우리의 기도가 얼마나 실재성을 상실하기 쉬운지 보여주는 대표적인 사례입니다. 이 민감성은 신자의 여러 삶의 영역으로 확대되어야 합니다.

선교사가 민감해져야 하는 최우선적인 영역은 성령님의 인격과 사역에 대한 것입니다. 우리가 성령님의 사역에 무감각해지면 곧 성령님이 근심하시게 됩니다. 우리에 대한 성령님의 사역은 인도하시고, 가르치시고, 우리의 기억을 활력 있게 하시고, 위로하시며, 확신케 하시고, 바르게 하시며, 무엇보다도 성령의 충만을 통해서 우리의 전존재를 다스리시는 것입니다. 선교사의 삶 가운데 제일 큰 위험은 우리 자신의 능력이나, 또는 일의 반복이나 교만으로 말미암아, 혹은 성령님의 경고에 대해 우리의 양심을 마비시키는 죄 때문에 성령님의 사역으로부터 분리되는 것입니다. 성령님께서 소멸될 수 있음을 데살로니가전서 5장 19절에서 우리에게 경고하고 있습니다. 누군가 당신과 함께 살지만 곧 그들의 존재에 익숙해져서 더 이상 당신이 그들과 의논하지도 않고 그들에게 도움을 구하지도 않고, 또는 그들의 바람이나 선택을 생각하지 않는 일이 가능합니다. 이처럼 "당연한 것으로 여기는 일"은 결혼 관계에서도 중요한 문제이기에, 에베소서 5장에서 성령 충만에 관한 내용과 함께 결혼 관계를 같은 문맥 속에서 언급하고 있습니다. 이것은 우리 안에 내주하시는 성령님과 관련된 것입니다. 하지만 선교사의 바쁜 생활과 "주님의 일"로 인해 이 성령님의 감미롭고 온유하신 임재 의식을 쉬이 잃어버릴 수가 있습니다. 우리가 우리 삶 가운데 역사하시는 성령님의 사역에 민감할 수 있도록 기도해주십시오.

민감해야할 또 다른 측면은 성경 말씀이 우리 삶에 미치는 영향력에 관한 것입니다. 주 예수님은 요한복음 17장에서 아버지 하나님께 드리는 기도에서 "내가 아버지의 말씀을 저희에게 주었사오매"라고 말씀하셨습니다. 하나님의 말씀은 선교사들뿐 아니라 모든 신자들에게 얼마나 신뢰할만한 것인지요! 만일 성경이 없다면 우리는 여기 있을 수도 없습니다. 하지만 저는 성경이 그저 탁자나 책상 위에 놓여있을 뿐, 읽지도 않고 전혀 참고하지도 않을 수 있다는 것을 알고 있습니다. 교훈과 책망과 바르게 함의 유일한 원천인데도 그냥 그대로 놓여있는 것이지요. 심지어 설교가나 선교사들에게도 다른 일반 책들과 함께 설교 준비와 성경연구를 위한 목적으로 사용되는 책으로만 여겨지기도 합니다. 성경은 성경 자체의 메시지에 민감한 사람들에게는 꿀, 불, 검, 물, 떡, 금, 그리고 망치와도 같습니다. 하지만 본문의 구절들에 익숙해지면서 우리는 너무도 쉽게 그 구절의 달콤함, 따뜻함, 날카로움, 정결케 함, 우리를 채워주는 느낌, 가치 혹은 말씀이 주는 충격으로부터 둔감해질 수 있습니다. 공적 말씀 사역에서나 개인적인 성경 읽기를 위하여 하나님의 말씀을 열 때 총명과 이해의 눈이 열리도록 우리를 위해 기도해주시기 바랍니다. 진리들에 지나치게 익숙해져서 말씀에 대한 첫 반응으로, 그 말씀이 우리를 판단하도록 하기보다는 오히려 말씀을 전하는 사람을 판단하는 수가 있습니다. 선교사로서 우리가 하나님의 말씀에 민감하도록 기도해주십시오.

우리가 기도 가운데 민감해야할 세 번째 영역은 다른 신자들을 향한 것입니다. 성도들은 이 세상 각 나라에서 각자 매일의 삶을 살아가는 큰 무리의 사람들입니다. 우리는 대개 우리와 가장 가까이 지내는 사람들에게 둔감한 존재가 되기 쉽습니다. 하지만 야고보는 하나님의 가족의 필요를 보고도 반응하지 않는 믿음은 죽은 것이라고 말했습니다. 요한은 우리가 만일 형제나 자매의 궁핍함을 모른 척한다면, "하나님의 사랑이 어찌 그 속에 거할까 보냐?"(요일 3:17)라고 질타했습니다. 바울은 "서로"라는 친숙한 단어를 공식처럼 사용해서, 서로 섬기고, 서로 짐을 들어주고, 서로 조화를 이루고, 서로 권면하고, 그리고 서로 기도하라는 명령을 반복해서 말했습니다. 주님이 교회에서 이루어지길 바라시는 상호의존성이 바울이 44번이나 사용한 "서로"라는 단어에서 가장 잘 드러나고 있습니다. 또한 그리스도의 몸과 하나님의 집(the Building of God)이라는 비유를 통해서 이 상호의존관계가 아주 명료하게 묘사되었습니다. 하지만 우리 자신의 사역과 봉사에 함몰됨으로써 그리스도의 몸 안에 있는 다른 성도들에 대해 무감각해져가는 지속적인 시험이 우리에게 있습니다.

선교지에서 가장 중요한 사안은 선교사들이 서로 잘 조화를 이루는 것입니다. 논쟁과 조정이 필요한 주요 영역은 사려 깊은 중보기도자의 시야에 들어오기 마련입니다. 주님의 인도를 받고 있다고 주장하는 사람들 거의 모두가 큰 상처를 안고 있습니다. 제가 그렇게 하고자 노력하는 것처럼 우리 모두가 정직하다면, 사실 선교사들은 "상처 입은 사람들"에 지나지 않습니다. 우리 자신의 삶과 성향을 살핌으로 우리 역시 다른 사람들과 성정이 같은 사람임을 뼈저리게 발견하기 때문에, 다른 사람을 위한 강력한 기도가 나올 수 있습니다. 이러한 성정들이 우리에게도 있음을 알게 되면 우리 자신이 그러한 문제를 다룰 수 있게 될 뿐만 아니라, 진정 의미 있는 기도를 통해서 "서로 짐을 짐으로 그리스도의 법을 성취할 수 있게 됩니다."(갈 6:2 참조) 우리가 성도들에게, 특별히 너무 성도답지 않은 성도들에게도 민감할 수 있도록 기도해주시기 바랍니다. 또한 우리 선교사들 또한 항상 "성도다운 선교사"들이 아님을 아울러 밝힙니다.

우리 마음이 둔하고 강퍅해지도록 우리 삶에 영향을 미치는 네 번째 요소는 우리 주변에 있는 죄인들입니다. 우리는 "온 세상은 죄의 흑암 속에 잃어버린바 되었네."라는 찬송을 즐거이 부르지만, 악한 자 아래 놓여있는 사람들의 기나긴 명단은 무시해버립니다. 심지어 자신의 삶을 선교 사역, 혹은 전임 사역에 헌신한 우리들조차도 잃어버린 영혼들의 부르짖는 소리에 무감각해질 수가 있습니다. 그 영혼의 부르짖음이 "나는 구원받기를 원해."인 경우는 거의 없습니다만, 대개 외로움, 굶주림, 질병, 거절당함, 그리고 약물 중독의 형태로 나타나곤 합니다. 그러한 영혼의 소리를 들을 수 있으려면, 또 복음이 치료제, 곧 "그들을 진흙탕에서 건져내어 성가대에 앉히는" 최상의 방법임을 알기 위해서는 영적인 민감함이 요구됩니다. 하루에 250명의 환자를 진료하는 의료 선교사는 열병을 앓고 있는 육체 속에 감추어진 영적인 굶주림을 보지 못하는 일이 종종 일어납니다. 선교 본부에서 운영하는 학교 교사라고 해서 선교사 자녀들이 외로움 때문에 흘리는 눈물의 의미를 항상 잘 해석하는 것은 아닙니다. 왜냐하면 그 선생님도 그런 자녀를 둔 부모이기 때문입니다. 해야 할 일이 산더미 같기에 전화하거나 방문하는 사람들을 차단해야만 하는 목회자는 자신이 사람들을 돌보는 사역에 헌신한 사실을 종종 잊곤 합니다. 영혼을 구령하는 "사업"에 종사하는 사람들은 "미혹한 길에서 돌아서고, 그 영혼을 사망에서 구원하며, 또한 허다한 죄를 덮기"를 원하는, 바로 그 사람들을 관심하는 일에 오히려 둔감해지기가 쉽습니다. 저는 수년 동안 사람들을 돕는 집을 운영해오고 있는 선교사들을 만난 적이 있는데, 그들은 사람들이 주님을 정말 알고 있는지 그 여부에 대해서는 별 관심이 없어 보였습니다. 신자들의 필요 때문에 믿지 않는 사람들의 필요를 돌아보지 못할 정도로 바쁘게 될 수 있습니다. 선교사들이 거리에서 날마다 스쳐 지나가는 잃어버린 영혼들의 소리에 민감해지도록 기도해주십시오.

우리가 중보기도 가운데 민감할 수 있도록 기도하듯이, 또한 우리는 우리 마음과 실제 삶에서의 복종을 위해서도 기도해야 합니다. 성경은 우리에게 참된 성화는 하나님의 말씀에 대한 믿음으로 이루어진다고 말하는데, 이는 곧 말씀에 순종하는 복종의 형태로 나타납니다.

저는 다른 어떤 말 보다는 주님이 선교사들과 함께 해주십사고 기도하는 사람들의 기도를 들어왔습니다. 이러한 기도를 반복해서 말하거나, 그저 앵무새처럼 사용하는 사람은 하나님께서 신자들과 함께 하실 뿐만 아니라 그들 속에 거하신다는 하나님의 단순한 약속을 기억하지 못하거나 주장하지 못하는 사람입니다. 그럼에도 여전히 이 익숙한 기도 문구가 인도자들에 의해서 "기도"로 사용되고 있으며, 그래서 이것을 일반적인 성경적인 본이라 생각하는 초신자들에 의해서 기계적으로 반복되고 있습니다.

신약성경에 나타난 대부분의 기도들을 살펴보면, 신자 본인의 원함이나 결정도 없이 하나님께서 신자의 삶 가운데 어떤 초자연적인 영적인 역사를 일으켜주시도록 기도한 경우는 하나도 없습니다. 하지만 오늘날 우리의 많은 기도는 하나님께서 외과의사처럼 되어 주셔서 영적인 잠을 자고 있는 신자들에게 초자연적인 영적 수술을 해달라고 간청하는 것이 대부분입니다. 하지만 신약성경의 기도는 환자가 의사에게로 가서, 순종하고 복종하며, 배우고, 어떤 분명한 성경적인 진리를 받아들이거나 적용하도록 구하는 것입니다. 물론 우리가 우리 자신의 영적인 순종과 성령님의 역사로 인한 자기 통제에 의해서 체중을 감량하는 것보다는, 마취상태에서 "우리로 쉬이 얽매이게 하는 모든 무거운 것"을 잘라 내는 수술을 받는 것이 더 쉬운 것은 사실입니다. 하지만 여기 히브리서 12장 1절에서 "모든 무거운 것과 얽매이기 쉬운 죄를 벗어버리라."는 말씀은 경주를 하는 경주자처럼 인내와 절제의 엄격한 자기 훈련을 의미하는 것이지, 그저 "모든 무거운 것"을 "비만"으로 이해해서 과체중의 문제를 지방흡입술과 같은 수술을 통해서 간단하게 해결하라는 뜻이 아닙니다.

우리를 위한 기도의 본은 골로새 성도들을 "하나님의 뜻을 아는 것으로 채우게" 해달라고 기도했던 사도 바울의 기도입니다. 우리는 주님이 깔때기를 사용해서 우리 마음에 하나님의 뜻을 부어주시기를 기대해야 할까요? 물론 그렇지 않습니다. 하나님의 뜻을 아는 것은 그 주요 원천인 성경을 읽고 묵상하는 일에 시간을 들이고 노력하는 것을 포함합니다. 우리는 흔히 성경을 열어보지도 않고 하나님의 뜻을 알려달라고 하나님께 간구하는 기도를 하곤 합니다. 동료 선교사 가운데 한 사람은 하나님의 뜻을 아는 것은 자신의 그리스도인의 삶 가운데 가장 어려운 부분이라는 말을 했습니다. 그는 28년 동안이나 선교사로 섬겨왔으면서도 말입니다! 저는 충격을 받았습니다! 제 기도는 다음과 같습니다. 선교사들로 하여금 하나님의 뜻을 알 필요를 보게 해주시고, 성경을 배우는 일에 시간과 에너지를 쏟고, 이를 통해 하나님을 알 뿐더러 하나님의 뜻을 알게 해달라는 것입니다. 제가 아버지를 알면 알수록 저는 그분이 제게 무엇을 하기를 원하시는지 더 잘 알게 될 것입니다. 하나가 풀리면 다른 것들도 술술 풀리게 되는데, 이는 마치 기차의 열차 칸들이 엔진 칸의 움직임을 따라 움직이는 것과 같습니다. 대부분의 신자들에게 필요한 것은 하나님의 초자연적 계시가 아니라, "이것이 정로니 너희는 이리로 행하라"라고 말하는 말씀에 대한 분명한 이해입니다. 우리는 하나님께서 그분의 뜻을 계시하기를 꺼려하시는 분인 양 그분께 매달리지만, 사실 문제는 이미 우리가 알고 있는 바를 순종하거나 복종하지 않으려는 우리의 태도에 있습니다. 많은 경우 우리의 기도는 하나님이 "이것을 행하라", "그곳에 가라", "이것을 사라", "그것을 말하라"고 말씀해주시도록 인내하며 기다리는 것을 의미하는 것처럼 보입니다. 그러나 우리는 하나님이 이미 "이것을 주어라", "그것을 희생하라", "너 자신을 부인하라."고 말씀하셨음을 인정해야 합니다. 하지만 우리는 그렇게 하지 않았던 것입니다! 우리가 이미 알고 있는 하나님의 뜻을 행하도록 기도해주십시오.

다른 성경 구절들도 우리에게 필요한 것은, 이미 알고 있는 바를 행하는 것이라는 앞의 내용을 지지합니다. 에베소서 1장 9절은 우리에게 주님이 이미 "그 뜻의 비밀을 우리에게 알리셨"음을 상기시키고 있습니다. 이 구절은 과거 시제로 되어있고, 적어도 하나님의 뜻을 알 수 있는 주요한 원천이 하나님의 말씀이어야 함을 언급하고 있습니다. 에베소서 6장 6절은 우리에게 "마음으로 하나님의 뜻을 행"할 것을 요구하고 있습니다. 하나님은 우리의 회심 시에 "그의 신기한 능력으로 생명과 경건에 속한 모든 것을 우리에게 주셨으니 이는 자기의 영광과 덕으로써 우리를 부르신 자를 앎"(벧후 1:3)을 통해서 하나님의 뜻을 행하는 데에 필요한 모든 것을 이미 우리에게 주셨습니다. 우리가 잘 알고 있는 로마서 12장 1-2절은 우리에게 우리 몸을 거룩한 산 제사로 드리고, 세상을 거절함으로써 "하나님의 선하시고 기뻐하시고 온전하신 뜻이 무엇인지 분별"하게 될 것을 상기시키고 있습니다. 그러한 산 제사가 없이 어떻게 주님이 자신의 온전한 뜻을 나타내는 일에 우리를 사용해 주시기를 기대할 수가 있단 말입니까? 우리는 고통스러운 대가를 지불해야만 하는 산 제사를 드리지 않으면서도 그분의 뜻을 원합니다. 하지만 하나님의 뜻을 아는 것은 우리 몸을 불타오르는 제단에 드릴 때에만 가능합니다. 그래서 어떤 분은 "하나님의 불은 오직 산 제사로 드려진 제물에만 임한다."고 했습니다.

우리가 무엇보다도 하나님의 말씀에 순종하도록 서로를 위해 기도하는 것은 합당하고 또한 성경적입니다. 저는 하나님의 말씀을 읽을 때마다 일반적이고 또한 구체적인 순종의 필요성을 보게 됩니다. 우리는 그리스도인의 행위에 대한 많은 요구 사항 가운데 선택해서 순종하는 것이 아니라 온전한 순종으로 반응하는 것이야말로 합당한 그리스도인들의 순종이라는 생각에 이르게 되었습니다. 스티븐 올포드(Stephen Olford)가 말한 대로 "부분적인 순종은 전적인 불순종"일 뿐입니다. 선교사로서 저 자신의 경우, 제 메시지가 다른 사람들에겐 의미를 주지만 나 아닌 특별한 회중을 위해서 준비했다는 이유로 정작 저 자신은 성경의 요구들에 대해 무감각해지기 십상입니다. 성경의 거울을 통해 저 자신을 보기보다는 얼마나 자주 다른 형제를 보는지 모릅니다! 이것은 제가 얼마나 많이 하나님의 말씀을 알고 있느냐 하는 문제가 아니라, 주님이 "너희가 이것을 알고 행하면 복이 있으리라"고 말씀하셨던 요한복음 13장의 명령을 제가 얼마나 행하느냐 하는 문제입니다. 우리 선교사들 대부분은 이미 배워서 알고 있는 성경의 지식들을 우리 의지에 적용시키는 일을 할 수 있는 오랜 시간이 있었습니다. 하지만 그렇게 하기 보다는 거만하게 되고 강퍅하게 되기 쉬운 성경 지식만을 늘리는 일에 힘쓴 것이 사실입니다.

기도 생활 전체를 아우르는 세 번째 영역은 선교사들이나 다른 사람들을 위해서 중보하는 능력을 구하는 것입니다. 기도에 대해서 조사하는 가운데, 이것이 다른 것들과 더불어 표면에 드러나게 되었는데, 곧 선교사를 위한 기도를 하면서 "주님, 능력을 주소서."라는 내용이 반복되었습니다. 누군가 일생동안 주님께서 선교사들과 및 다른 신자들에게 힘을 주시도록 기도하는 것을 들어왔다면, 그 사람에게는 이러한 기도가 합당한 것처럼 여겨질 것입니다. 저 역시 주님이 골로새 성도들을 "모든 능력으로 능하게 하시"도록 기도했던 바울의 기도를 생각했습니다. 하지만 아마도 우리는 그런 기도를 우리 자신에게 적용하는 것에 대해 묻지 않고, 맹목적인 반복에 의해 습관화되었는지도 모릅니다. 이러한 기도는 "주님이 능하게 하시고" 또는 "능력을 주소서"라고 기도할 필요가 있는 사람을 그래도 조금은 도왔다는 만족감을 갖게 합니다.

하지만 신약성경의 약속들을 살펴보면, 그리스도 안에서 우리가 어린아이든 선교사이든 성숙한 신자이든 간에, 우리가 그리스도인의 삶을 사는 데에 필요한 힘과 능력은 바로 내주하시는 그리스도 이심을 우리에게 분명히 상기시키고 있습니다. 그럼에도 특별한 사역을 위해선 특별한 은사로서 부가적인 신성한 능력을 구해야 할까요? 아니면 하나님께서 우리가 행하기를 기대하시는 모든 일들을 감당하는 데에 필요한 자원들을 이미 주신 것일까요? 사도 바울은 "나에게 능력 주시는 자 안에서 내가 모든 것을 할 수 있느니라"고 선언했습니다. 그리고 바울은 디모데에게 하나님이 우리에게 "오직 능력…(의) 마음(영)"을 주셨다는 사실을 상기시켰습니다. 비록 베드로가 하나님이 주신 자원을 항상 사용하지는 않았더라도 그는 "그의 신기한 능력으로 생명과 경건에 속한 모든 것을 우리에게 주셨으니"(벧후 1:3)라고 말했습니다. 에베소서 6장 10절을 보면 우리는 기도로 능력을 구할 것이 아니라, 오히려 "주 안에서와 그 힘의 능력으로 강건"하라는 명령을 받고 있습니다! 주께서 우리에게 필요한 것을 이미 모두 주셨음에도 더 달라고 구하는 기도는 말씀의 가르침을 믿지 않거나, 혹은 생각이 없거나, 말씀을 자주 망각하는 처사로 보입니다.

이 사실을 알게 될 때에, 이제껏 우리가 드려왔던 기도의 내용을 바꿔 우리가 이미 받은 자원들을 사용하는 문제로 바꿀 필요가 있다는 것이 보이지 않나요? 사도 바울은 고린도 성도들을 향해 "견고하며 흔들리지 말며"라고 명령했습니다. 유혹에 대해 우리가 소유한 능력을 이해하고 적용하는 문제는 특별한 필요의 영역입니다. 우리는 시험을 없애달라고 주님께 기도하거나, 누군가 원수를 결박하여 우리를 유혹하지 못하도록 해달라고 기도하기 일쑤입니다. 하지만 선교사의 삶 가운데 진정한 필요는 시험을 없애달라는 것이 아니라, 주님이 예비하신 "피할 길"을 따르는 것입니다. "피할 길"은 그것이 우리가 피해야할 육신의 활동에 관한 것이든, 우리가 믿음으로써 물리쳐야 할 세상이 주는 압박에 관한 문제이든, 아니면 "믿음의 방패"를 사용함으로써 우리의 믿음을 전복시키려는 모든 사단의 궤계를 물리치는 것이든 간에, 이미 우리에게 주어져있습니다.

주님은 베드로가 시험을 당하지 않도록 기도하신 것이 아니라, 그의 믿음이 시험으로 인해 떨어지지 않도록 기도하셨습니다. 우리는 이것을 서로를 위해 기도해야할 우리의 기도에 대한 본으로 삼을 수 있습니다. 우리가 선교사로서 승리하는 삶을 살고, 또한 주님을 잘 섬길 수 있도록, 그리고 이미 우리가 소유한 자원들을 사용할 수 있도록 우리를 위해 기도해주시기 바랍니다. 선교지에서 맞게 되는 유혹들은 다른 어떤 곳에서와 마찬가지로 매우 강력

합니다. 우리가 단지 선교사란 이유 때문에 더 이상 전신갑주가 필요 없거나, 다른 그리스도인들에게 필요한 비밀 병기들이 필요 없는 것은 아닙니다. 우리 역시 다른 사람들과 마찬가지로 육신의 만족을 구하는 정욕의 시험에 처해 있습니다. 어떤 선교사들의 도덕적인 타락과 실패를 통해 입증되었듯이, 우리 또한 선교지에서 "육체의 일들"을 만들어낼 수가 있습니다.

세상의 유혹은 산업화된 나라의 초고층 빌딩에서 뿐 아니라 선교지의 흙집에서도 마찬가지로 강렬합니다. 우리가 주님의 일을 해 나가는 동안에도 자기 보호본능(self preservation)은 매우 실제적으로 우리에게 강력한 힘을 미칩니다. 사탄은 아담과 우리 주님을 시험하였듯이 바로 우리 자신의 힘으로 일하도록 우리를 유혹합니다. 자기 만족감(self-sufficiency)은 사탄의 가장 오래된 무기 가운데 하나이지만, 우리는 하나님의 말씀 안에 있는 "믿음의 방패"를 통해 악한 자의 모든 화전을 막아내고, 믿음에 굳게 서서 사탄을 대적할 수가 있습니다. 우리가 "하나님의 전신갑주를" 취하도록 기도해주십시오.

그리스도인들의 마음에 생각나는 여러 사람들을 주님이 "축복해주시도록" 기도하는 것은 흔한 일입니다. 축복이란 말은 번성의 의미로 사용되고 있으며, 다른 많은 경우에는 시련이나 주님의 사역의 발전에 방해가 되는 문제나 질병, 혹은 고통 따위를 피한다는 의미로 사용되고 있습니다. 하지만 시련을 없애달라고 주님께 기도하는 것은 주님이 시련을 보내신 목적과 무릇 경건하게 살고자 하는 사람은 고난을 받게 되며, 또한 십자가의 원수들로부터 핍박을 받을 것이라는 약속을 잊어버린 결과입니다.

선교사들에게는 하나님이 허락하셨거나, 혹은 우리의 배움과 발전을 위해 보내신 시련 혹은 시험을 통과하는 것이 필요합니다. 우리로 하여금 주님이 우리의 삶 속으로 가져다주신 시련들을 극복하도록 기도해주십시오. 주께서 갈릴리 바다 건너편으로 가자며 제자들과 함께 배에 올랐을 때 몰아치는 폭풍으로부터 제자들을 능히 지키실 수 있으셨습니다. 주님은 제자들에게 배를 타고 가자고 말씀하셨고, 주께서 바람과 파도를 다스리심으로써 제자들은 평강의 하나님 안에서 안식하는 법을 배울 수 있었습니다. 당신이 지금 중보기도하고 있는 선교사들이 시험을 피하기보다는 시험을 통해 교훈을 배울 수 있도록 기도할 수 있습니다. 시련은 우리의 교훈을 위해서뿐만 아니라, 잃어버린 영혼들과 어린 신자들이 문제 속에서도 승리와 성숙의 본으로서 성숙한 신자를 바라보도록 하나님이 사용하실 수 있습니다. 그래서 시련을 피하도록만 할 것이 아니라, 주님이 영혼의 성장을 위해서 예비하신 훈련과 가르침을 받도록 기도해주십시오.

모든 신자들을 향한 하나님의 최우선적인 목적이 그리스도를 닮는 것일진대, 그렇다면 성장을 위한 교육 과정은 반드시 주님이 친히 아버지 손으로부터 죄악된 인간들에게 팔리신 과정과 유사해야만 합니다. 히브리서 5장 8절을 읽으십시오.

단순하게 우리는 성령의 열매들이 하나하나 나타나도록 기도할 필요가 있습니다. 육신의 일과는 대조되는 성령의 열매는 영적인 성장의 정원에서 나옵니다. "일"이라는 단어는 타락하고 부패한 마음의 자연스런 산물을 산출하는 인간 노력의 공장을 암시합니다. 육신의 일이 타고난 자아의 본성으로부터 산출되는 것과 마찬가지로, 성령의 열매는 모든 신자의 생명 속에 내재하는 그리스도의 인격의 신령한 "재료"(materials)에 의해 자연스럽게 산출됩니다. 열매라 불리는 그리스도의 은혜를 맺기 위해 더 많은 자원이 필요하지 않습니다. 오히려 우리 자신의 노력을 그치고, 나의 삶을 통해서 그리스도의 생명을 흘려 내보내시는 성령의 자연스러운 사역에 협력하면서 그 안에서 안식하는 것입니다. 히브리서 4장 10절을 다시 읽으십시오.

따라서 저를 위한 당신의 기도는 하나님이 더 많은 능력을 쏟아 부어주시도록 간구할 것이 아니라, 그리스도 안에서 이미 제게 주어진 능력이 흘러나가도록 해서 그리스도의 생명이 "우리 죽을 육체에 나타나[도록]" 하는 것입니다. 이를 통해, 첫째로 하나님이 "그의 아들을 이방에 전하기 위하여 그를 내 속에 나타내시[기]" 위해 바울을 부르신 목적이 성취되는 것이며, 또한 갈라디아 성도들에게서 그리스도의 형상이 이루어지기를 바랐던 바울의 소원이 성취되는 것입니다.

유혹을 이기도록 우리를 위해 기도해주시는 것에 더하여, 또한 우리가 대적을 이길 수 있도록 기도해주시기 바랍니다. 선교지라는 것은 대적이 큰 성공을 즐기던 영역을 우리 선교사가 침공하는 것을 가리킵니다. 제가 믿기로는 사탄은 본래 엄청난 주무기를 가지고 있을 뿐만 아니라, 전쟁의 다양한 무기들을 가지고 있습니다. 미개발국가라는 이유만으로, 많은 사람들은 사탄의 본거지가 거기에 있다고 생각하고, 특히 싸움이 격렬할 것이라고 생각합니다. 하지만 선교지는 예외 없이 모든 지역이 "모든 악한 자의 화전을 소멸"시켜야 하는 전쟁터입니다. 우리가 주님께 순종하고, "하나님의 모든 전신갑주"를 취하도록 우리를 위해 기도해주시길 바랍니다. 전신갑주가 우리를 위해 있지만, 종종 우리는 우리 자신의 힘으로 일들을 하고자 하는 시험을 받습니다. 많은 경우 그렇게 해왔기 때문입니다. 우리는 자신의 큰 갑옷을 다윗에게 준 사울 왕처럼 하려는 유혹을 받습니다. 우리의 믿음은 종종 주님 보다는 우리 자신에게 있습니다. 그럴 경우 사탄이 우세하게 됩니다.

선교사들을 위한 기도는 다른 신자들을 위한 기도와 별반 다르지 않습니다. 우리가 드리는 기도의 목표는 신자들로 그리스도를 닮도록 하시는 하나님의 목표와 조화를 이루어야 합니다! 만일 기도가 그것을 목표로 하지 않는다면 하나님의 뜻에서 벗어난 기도를 하는 것이며, 하나님의 말씀과도 일치하지 않는 것이 됩니다. 우리는 반드시 선교사로서 우리가 주님을 섬기는 것 못지않게 주님이 우리에게 매우 중요한 교훈들을 가르치시기를 원하신다는 점을 유념해야 합니다. 우리가 주님의 종이기 때문에, 혹은 이전에 시험을 치렀기 때문에 시험에서 면제받은 사람이라는 생각을 버려야 합니다. 만일 주님이 우리를 위해 준비하신 것을 배워야 한다면, 우리로 하여금 시험을 피하도록 기도하지 마시고, 다만 우리가 시험을 잘 통과하도록 기도해주시기 바랍니다. 많은 선교사들이 질병이나 일의 지연, 혹은 장비의 고장과 같은 문제가 임할 때 의심과 의문이 드는 유혹들을 받습니다. "이상한 일이네. 우리는 주님의 일을 하는데 이런 일이 일어나다니…", "주님이 과연 이 일을 하기를 원하시는 걸까?", "많은 영혼들이 그리스도 없이 멸망하고 있는데, 나는 여기 사무실에서 맨날 하는 일만 하잖아", "나는 할 일이 엄청 많은데, 여기 침대에 아파서 누워만 있구나!" 하지만 사도 베드로는 "사랑하는 자들아 너희를 연단하려고 오는 불 시험을 이상한 일 당하는 것 같이 이상히 여기지 말[라]"고 말했습니다. 베드로후서 4장 12절의 내용을 읽어보십시오.

다른 무엇보다도 우리 모두는 바울이 에베소, 골로새, 빌립보에 있는 신자들을 위해 기도한 것을 본받아 선교사들과 모든 신자들을 위해 무엇을 기도해야 할지 배울 수 있었습니다. 이것은 하나님의 말씀으로 기도하는 것이며, 따라서 이런 기도는 하나님의 뜻에 따른 기도가 될 것입니다.

제가 처음에 말씀드린 "우리를 위해 기도해주십시오!"는 말을 반복하고 싶습니다. 우리가 하나님과 그분의 말씀에, 성령님과 우리가 섬기려는 사람들에게 민감하도록 기도해주십시오. 우리의 삶 가운데 이 모든 내용들에 순종하도록 기도해주시기 바랍니다. 그리고 이처럼 부정하고 멸망해가며, 음란하고, 오염되고, 잘못된 세상 가운데서도 신자로서 경건한 삶을 살도록 주께서 우리에게 주신 모든 자원들을 사용하도록 기도해주십시오.

우리를 위한 당신의 기도를 더 어렵게 만들지 않았기를 바랍니다. 우리 모두 기도라는 영역에서 계속해서 자라나며, 그토록 오랫동안 아무 생각없이 받아들였던 사랑받는 기도 문구에서 해방되는 것이 저의 기도입니다. 하나님의 말씀과 조화를 이루고, 하나님의 뜻에 일치되며, 또한 하나님의 성령님의 인도를 받도록 우리를 위해서 기도해주십시오. 그렇게 함으로 당신도 올바른 분별력과 원만한 이해 가운데 기도하게 될 것입니다.

우리를 위해서 끊임없이 중보기도하고 계시는 우리 주 예수 그리스도의 신실하심에 따라, 당신이 기도하고 있는 선교사로부터

Letter 16
제 16장
기도요청

누구를 위해 기도할 것인가? 물론 선교사를 위해서 기도해야겠지요!

선교사들은 날마다 우리의 기도를 필요로 합니다. 하지만 우리는 종종 그들을 위해 어떻게 기도해야 할지, 또는 더 정확히 말해서 본국과 가족을 떠나 선교지에 있는 그들을 위해 구체적으로 무엇을 기도해야 할지 모르고 있습니다. 여러분이 선교사들을 위해서 기도할 때 그들의 사역 기간을 따라 기도하면 좋습니다. 선교사들은 그들이 얼마나 오래 동안 섬겼는지에 따라, 그리고 그들이 처해 있는 상황에 따라 필요가 다릅니다. 이제 12가지 범주의 선교사들에 대해 말씀드리고자 하는데, 그것은 우리가 합리적으로 기도하는데 도움을 줄 것입니다. 물론 겹치는 부분도 다소간 있을 것입니다. 선교사를 위해 기도하고자 한다면, 그들이 어떤 범주에 속해 있는가를 생각해보시고, 그에 대한 제안을 검토해보시기 바랍니다.

선교사 후보생

그들이 선교지로 나가기를 원한다면, 주님과 또 주님이 그들이 어디에서 섬기기를 원하시는지에 대해서 민감해질 수 있도록 기도해주십시오. 그들이 주님은 필요에 따라서 뿐만 아니라 말씀 자체를 통해서도 그들을 인도하신다는 것을 믿도록 기도해주십시오. 그들이 선교지를 선택하는 문제에 대해 베테랑 선교사들에게 귀를 기울이도록 기도해주십시오. 그들이 감정이나 삶의 편리성 여부, 기후 혹은 문화와 같은 것에 기초해서 선교지를 선택하지 않도록 기도해주십시오. 현재의 필요뿐 아니라 선교지에 도착한 이후부터도 주님의 예비하시고 공급하심을 의지하는 법을 배우도록 기도해주십시오. 신자의 삶 속에 일어나는 모든 일이 주님의 허락하심과 주님의 인도하심에 의해서만 임한다는 사실을 받아들일 수 있도록 기도해주십시오. 그러므로 어떤 계획된 일이 차질을 빚거나 지체되는 것이 주님의 선택일 수 있으며, 또한 감사의 원천이 되기도 합니다. 하나님께서는 선교사가 자신의 노력을 통해 무엇을 하는 것보다 선교사의 삶 속에서 그분이 무엇인가를 이루기를 원하신다는 것을 알도록 기도해주십시오. 특별히 선교지에서의 삶이란 경험을 통해서 배우는 과정임을 깨달을 수 있도록 기도해주십시오. 그들이 주님이 자신들을 준비시키는 데에 수년의 시간이 걸릴 수도 있다는 사실을 이해하도록 기도해주십시오. 사역을 위해 기다리는 것이 시간의 낭비가 아니라 오랜 준비 기간이라는 사실을 받아들이도록 기도해주십시오. 그들이 지역 교회의 리더십에 지속적으로 참여하는 것이 선교 사역을 위한 최상의 훈련이라는 것을 주님으로부터 배우도록 기도해주십시오. 앞선 교회 인도자들과 선교사들이 주는 안내에 따르도록 기도해주십시오.

새로운 선교사

새로운 선교사들이 배우고 섬기려는 마음을 가질 수 있도록 기도해주십시오. 선교사들은 자신이 한 큰 희생에 대해 현지인들이 감사치 않는다고 생각하기 쉽습니다. 그들이 주 예수님과 비교해서, 자신들이 희생한 것이 그리 큰 희생이 아님을 알도록 기도해주십시오. 그들이 말하기보다는 듣는 데에 힘쓰도록 기도해주십시오. 그들이 자신들의 열정보다는 나이 많은 선교사들의 경험을 더 중하게 여기도록 기도해주십시오. 자신을 절제하는 것을 배우고, 솔선수범하고, 또 순종하는 태도를 가질 수 있도록 기도해주십시오. 새로운 선교사들의 가장 큰 원수인 교만과 우월감을 극복할 수 있도록 기도해주십시오. 그들이 선교지의 문화와 자신들이 살던 문화, 그리고 주님이 개발하기를 원하시는 성경적인 문화 사이의 차이점을 잘 구분할 수 있도록 기도해주십시오. 동시에 선교지의 새로운 문화를 거스르지 않도록 기도해주십시오. 그들이 어려운 환경 속에서도 주님과 동행하는 법을 배울 수 있도록 기도해주십시오. 그들이 선교지의 현지인들을 포함해서 다른 사람의 비평과 책망을 받아들이는 것을 배울 수 있도록 기도해주십시오. 선교지의 언어를 배우는 데에 힘을 쓸 수 있도록 기도해주십시오. 자신들의 자녀가 최우선적인 선교지임을 알도록 기도해주십시오. 그들이 자신에 대한 실망, 특별히 다른 선교사들에 대한 실망을 잘 감당하도록 기도해주십시오. 다른 선교사들과 또 파송교회와 책임 있는 관계를 유지하고 발전해나갈 수 있도록 기도해주십시오. 하루에 여덟 시간을 선교사역에 드리는데 주님께 정직하도록 기도해주십시오. 그들이 포기하고 싶은 유혹을 이길 수 있도록 기도해주십시오.

독신 선교사

 독신 선교사들이, 독신으로 사는 것이 종종 선교 사역에 있어서 큰 도움이 된다는 사실을 받아들일 수 있도록 기도해주십시오. 단지 자신들이 독신이기 때문이 아니라, 독신으로서 주님을 섬기도록 주님이 부르셨기 때문에 선교사역을 선택한 것임을 알도록 기도해주십시오. 그들이 새로운 문화에서 독신으로 합당히 처신하는 법을 배울 수 있도록 기도해주십시오. 그들이 문화적 한계를 받아들이고, 그 한계 안에서 사역하는 법을 배울 수 있도록 기도해주십시오. 선교지의 문화가 성경에 위배되지 않는다면 문화를 바꾸려고 하지 않도록 기도해주십시오. 그들이 악은 어떤 모양이라도 버릴 수 있도록 기도해주십시오. 자신들의 삶과 활동을 잘 관리함으로써, 주님과 다른 선교사들에게 누를 끼치는 일이 없도록 기도해주십시오. 그들이 느끼는 외로움이 주님과의 더 깊은 교제로 이어질 수 있도록 기도해주십시오. 선교사로서 그들의 유용성을 크게 감소시킬 수 있는 현지인들과의 로맨스를 구하지 않도록 기도해주십시오. 그들이 결혼할 필요가 있고, 또 혹 현지인을 향해 정욕이 불같이 일어난다면 본국으로 돌아가는 지혜를 얻도록 기도해주십시오. 그들이 타문화권 결혼의 어려움과 스트레스에 대해서 베테랑 선교사들의 조언을 받아들이도록 기도해주십시오. 외국 문화권에서 독신의 삶이 가져오는 강한 유혹을 주님과의 지속적인 동행의 삶을 통해 극복할 수 있도록 기도해주십시오. 주님과의 사귐이 자신의 공적인 사역을 통해 오는 행복보다 더 중요하다는 것을 알도록 기도해주십시오. 그들이 다른 독신 선교사들의 이야기를 통해서 선교 사역의 여러 영역에서 그들이 가지고 있는 유용성을 배울 수 있도록 기도해주십시오. 독신으로 남는다고 해서 주님이 그들을 버리신 것이 아니라는 것을 알도록, 독신으로 섬기도록 주님의 특별한 부르심을 받은 사실로 만족하는 법을 배울 수 있도록 기도해주십시오. 주님을 섬기면서 날마다 만나는 이성들로 인해 오는 육신의 정욕의 유혹을 이길 수 있도록 기도해주십시오. 자신의 생각을 통해 오는 시험으로부터 승리하게 해주는 하나님 말씀으로 그 마음과 생각을 채우도록 기도해주십시오.

단기 선교사

비록 제한된 환경에서 섬기지만, 다른 곳에서는 배울 수 없는 교훈들을 단기 선교를 통해 배울 수 있다는 사실을 알도록 기도해주십시오. 그들이 섬김을 받기 위해서가 아니라 섬기러 왔다는 것을 깨닫도록 기도해주시기 바랍니다. 주님과 리더들에게 순종하는 법을 배울 수 있도록 기도해주십시오. 다른 사람의 선을 위해서 희생하는 것이 무엇인지 알도록, 팀워크의 중요한 구성요소가 무엇이며 또 단기 프로젝트를 통해 선을 이루는 협력의 가치를 배울 수 있도록 기도해주십시오. 그들이 선교지에 간 이유가 선교사들을 돕고 프로젝트를 수행하기 위한 것이지, 자신들을 위한 새로운 사역을 창출하기 위한 것이 아님을 알도록 기도해주십시오. 그들이 단기 선교를 로맨스를 찾거나 자신의 사회적 만족감을 얻는 기회로 보지 않도록 기도해주십시오. 주님은 이러한 시간들을 통해 동역자가 인생에서 얼마나 필요한지 배우게 하실 것이며, 또한 그들이 동역자를 향한 헌신 없이는 주님을 섬길 수 없다는 사실도 가르치실 것입니다. 그들이 다른 문화를 접하면서 주님을 향한 그들의 사랑과 헌신이 얼마나 피상적이었는지를 배울 수 있도록 기도해주십시오. 그들이 섬기러 간 선교지와 비교해 본국에서의 생활이 얼마나 풍요로웠는지 생각하며 감사하는 법을 배울 수 있도록 기도해주십시오. 희생이란 단어가 의미하는 바가 무엇인지 발견하고, 본국에 돌아온 후 계속해서 자신의 삶 속에 적용하고 실천하는 법을 배울 수 있도록 기도해주십시오.

선교사 자녀

주께서 그들의 부모의 삶을 책임지시듯이 주님은 그들의 삶 역시 책임지신다는 사실을 이해하도록 기도해주십시오. 자신들의 삶의 모든 상황은 하나님에 의해 계획되었으며, 그들 속에 그리스도를 닮은 모습을 빚어내시고자 허락되었다는 사실을 받아들일 수 있도록 기도해주십시오. 그들이 믿음직한 친구를 만나고, 또 친구에게 신뢰할만한 사람이 되도록 기도해주십시오. 과거에 일어난 일에 대해 집착하기보다는 미래에 초점을 맞추도록 기도해주십시오. "그리스도 안에서 하나님이 위에서 부르신 부름의 푯대를 향하여 나아가도록" 기도해주십시오. 선교사 자녀로서 겪는 삶의 어려움을 이해하고 있는 지역 교회와의 교제를 추구하도록 기도해주십시오. 신성한 토기장이의 손에 의해 다듬어진 삶을 세우도록 선교지에서 경험했던 독특한 모든 기회들을 살릴 수 있도록 기도해주십시오. 그들의 부모가 치른 희생에 대해 감사하고, 부모님들이 왜 그런 희생을 해야만 했는지 배우도록 기도해주십시오. 그들이 자신들이 성장한 지역의 잃어버린 영혼에 대한 사랑을 가질 수 있도록, 자신의 삶 속에서 하나님의 부르심을 듣고, 편안함 보다는 오히려 어려움을 선택하는 믿음을 가지도록 기도해주십시오. 비슷한 문제로 갈등하고 있는 다른 젊은 사람들을 발견하고, 자신의 삶을 그들을 향해 쏟아 붓는 결정을 할 수 있도록 기도해주십시오. 부모님을 향한 사랑과 존경이 더욱 깊어지고, 실제적인 방법으로 그것을 부모님에게 나타낼 수 있도록 기도해주십시오.

선교 보고를 해야 하는 선교사

대부분의 선교사들은 선교보고서를 제출하거나 자신들을 위해 기도해준 성도들에게 선교보고를 하기 위해 본국에 들어오곤 합니다. 선교사들이 이러한 방문을 선교사역의 한 주기마다 기계적으로 반복해야하는 의무감으로 생각하지 않도록 기도해주십시오.

성도들이 사역 보고에 관심을 보이지 않거나 보고할 기회를 갖지 못하는 것 때문에 낙심하지 않도록 기도해주십시오. 그들이 최신의 사역보고와 현재 상황을 보고할 수 있도록, 그리고 자신들의 보고에 대해 정직하도록 기도해주십시오. 자신의 사역의 긍정적인 면만을 보고한다거나 자신도 모르는 사이에 숫자나 시간을 부풀려 보고하지 않도록 기도해주십시오. 이러한 기회가 선교 후원금을 더 많이 보내주도록 요구하는 기회가 아니라 성도들로 하여금 선교에 더 많이 동참하고, 또한 선교 후보자들이 더 많이 일어나도록 기도하게 하는 기회임을 깨닫도록 기도해주십시오. 그들의 주요한 과제가 후원금을 올리는 것이 아니라, 그들이 메시지를 전하는 대상인 그리스도인들에게 힘을 불어넣고 도전하는 것임을 알도록 기도해주십시오. 그 대상이 그리스도인일지라도 사람보다는 주님을 의지하는 법을 배울 수 있도록 기도해주십시오. 주 예수 그리스도께 영광돌리기보다는 자신의 사역을 자랑하는 데서 해방을 받도록 기도해주시기 바랍니다. 여러 차례 동일한 선교 보고를 하는 중에도 계속해서 기도와 말씀을 연구하는 일에 시간을 많이 내도록 기도해주십시오. 처음에 자신들을 선교지로 보내신 성령님을 계속해서 의지하는 것을 배우도록, 그리고 자신들이 알지 못하는 영역에 대한 무지를 인정할 수 있도록 기도해주시기 바랍니다.

어머니가 된 선교사

어머니가 된 선교사는 세상에서 가장 힘든 소명 가운데 들어선 것입니다. 주님의 사역은 많은 자녀들을 돌보는 어머니의 역할과 자기 남편에 대한 성경적인 명령인 아내의 역할 위에 더하여진 것입니다. 그들이 선교사가 되는 것보다 더 큰 부르심인 어머니의 소명을 받아들일 수 있도록 기도해주십시오. 자신의 생애를 자녀들을 위해 쏟아 붓는 것이 세상이 그리스도께 나아오는 것을 보는 것보다 더 중대한 일임을 알도록 기도해주십시오. 자기 자녀들에게 성경을 가르치는 것이 선교지에 있는 현지 여성들에게 성경을 가르치는 것보다 더 우선적인 것임을 알도록 기도해주십시오. 주님은 우리 모두가 현실적이 되는 것을 원하신다는 사실을 알도록 기도해주십시오. 사람들 눈에 띄는 존재가 되는 것은 하나님의 부르심이 아니라 사람의 부르심인 것을 알도록 기도해주십시오. 자녀들을 양육하기 위해 자신들이 포기한 사역이 주님의 때에 더욱 충만하고 더욱 풍성한 열매 맺는 방법으로 진행될 것임을 알도록 기도해주십시오. 현지인들이 선교사의 삶 가운데 그 어떤 부분보다 더 선교사의 자녀들을 주목하고 있다는 것을 배우도록 기도해주십시오. 아무리 바쁜 스케줄 가운데서도 자신의 영혼을 말씀으로 먹이는 시간을 계획하도록 기도해주십시오. 그들이 자녀들을 하나님의 일에 "방해되는 존재"로 여기지 않도록 기도해주십시오. 자녀양육을 하나님을 위한 최고의 사역으로 알고 실천하도록 기도해주십시오. 어머니로서 직면하고 있는 문제들을 가지고 남편과 함께 대화로 풀어가도록 기도해주십시오. 현지인들과 본국에 있는 사람들보다는 주님과 남편에게 더 책임이 있다는 것을 배우도록 기도해주십시오. 자녀들의 성장은 어머니들과 똑같이 아버지에게도 책임이 있다는 것을 아버지들이 알도록 기도해주십시오. 하나님이 명하신대로 남편이 가정의 머리 역할을 할 수 있게끔 즐거이

돕도록 기도해주십시오. 본국에서 뿐 아니라 선교지에서도 모든 이야기를 나눌 수 있는 누군가를 찾을 수 있도록 기도해주십시오. 그들이 다른 선교사의 절친한 친구가 되어주고, 또한 비밀을 함께 나눌 정도의 신뢰심을 가지고 함께 선교사역을 할 수 있도록 기도해주십시오.

베테랑 선교사

 베테랑 선교사들이 경험한 수많은 선교의 세월이 자기 성취의 교만이나, 혹은 그러한 수단으로 흐르지 않도록 기도해주십시오. 자신들이 섬기고 있는 사람들을 통해 계속해서 배울 수 있도록 기도해주십시오. 시대의 변화에 맞춰 사람들에게 복음을 전하는 새로운 방법들을 시도하도록 기도해주십시오. 그들이 다른 선교사들과 잘 지내는 법을 배우도록 기도해주십시오. 선교사들과 현지인들 사이에 깨어진 관계를 개선하고자 하는 용기를 가질 수 있도록 기도해주십시오. 날마다 선교 사역에 8시간을 바치는 것이 선교사들에게 기대되는 일임을 깨닫도록 기도해주십시오. 사역이 자신의 능력에 달린 것이 아니라, 주님이 자신을 얼마나 들어 쓰시는가에 달린 문제임을 알도록, 주님은 일주일에 60-70 시간을 사역에 헌신하는 것을 기대하지 않으신다는 사실을 알도록 기도해주십시오. 선교지의 리더들이 타락할 때, 또 자신들을 실망시키거나 자신들에 대해 반감을 품을 때 낙망하지 않도록 기도해주십시오. 자신의 가족이 첫 번째 선교지임을 이해하고 받아들이도록 기도해주십시오. 다른 선교사나 혹은 현지인들에게 언제 사역을 넘겨줘야 할지 알도록 기도해주십시오. 언제 본국으로 돌아오며, 또 본국에 있는 동안 사역이 자체적으로 운영되도록 하는 법을 배우도록 기도해주십시오. 그들이 또 다른 사역지로 옮겨갈 때가 언제이며, 또한 사역이 현지인들에 의해 운영되도록 넘겨주는 시기를 알도록 기도해주십시오. 자신들이 선교지에 있는 것이 사역에 보탬이 되지 않는 때가 언제인지 알아차릴 수 있는 분별력을 갖도록 기도해주십시오. 자신들의 "사역"은 주님이 오실 때까지 지속되어야만 하는 것이 아님을 이해하도록 기도해주십시오. 새로운 선교사들은 그들이 수많은 세월 동안 해온 방식대로 사역하지는 않을 것임을 깨닫도록 기도해주십시오. 그들이 자신들을 도우러 온 새로운 선교사들로부터 기꺼이 배우는 자세를 가지도록 기도해주십시오. 그리스도께서 제자들에게 하셨던 것처럼 사역을 넘겨주는 법을 배우도록 기도해주십시오. 주께서 자신들을 통해 얼마나 많은 일을 하셨는지를 깨닫고 겸손해질 수 있도록 기도해주십시오.

안식년을 맞이한 선교사

안식년을 맞아 귀국한 선교사들이 자신들이 방문한 교회의 상태 때문에 낙심하지 않도록 기도해주십시오. 그들이 자신의 모국에 재입국할 때 겪게 되는 역 문화 충격에 대해 주님의 승리를 받아들일 수 있도록 기도해주십시오. 본국에서 하고 있는 사역보다 자신들이 선교지에서 한 사역이 얼마나 더 나은지 자랑하고픈 시험에 들지 않도록 기도해주십시오. 자신들이 서신을 정기적으로 보냈음에도 자신들의 사역에 대해 교회가 너무도 모르고 있는 사실에 절망하지 않도록 기도해주십시오. 그들이 "주님, 선교사들을 축복해주세요."라든가 "주님이 함께 해주세요."와 같이, 생각이 부족한 성도들의 기도로 인해 낙심하지 않도록 기도해주십시오. 선교를 고양하기 위해 온 교회를 동원하는 것보다 소수의 사람들로 하여금 정기적으로 기도하도록 격려하는 데에 힘쓰도록 기도해주십시오. 자신들은 희생을 했는데, 교회는 풍족한 삶을 사는 것에 대해 생색내지 않도록 기도해주십시오. 헌신의 부족을 보고 교회 전체를 정죄하는 일이 없도록 기도해주십시오. 집회에 초청받는 일도 적고, 접대받는 일도 거의 없기 때문에 낙심하지 않도록 기도해주십시오. 항상 말씀을 전하는 사람으로 있기보다는 앉아서 말씀을 듣는 데에 만족할 수 있도록, 그리고 그러한 기회가 새로운 힘을 얻고, 전략을 새롭게 구상하며, 선교지에서의 사역 방식을 재평가해보는 기회임을 알도록 기도해주십시오. 선교지에서 그들과 함께 사역하는 일에 관심을 보이는 성도에게 민감할 수 있도록 기도해주십시오. 다른 사람들로 선교지를 방문해서 사역을 돕는 일을 하도록 격려하는 법을 알도록 기도해주십시오. 자신들이 마지막으로 본국을 떠난 후로 달라진 모든 것들에 대해 불평하지 않도록 기도해주십시오. 그들이 같은 이야기를 반복하거나, 최신 선교 자료가 아닌 옛날 자료를 가지고 프리젠테이션 하지 않도록 기도해주십시오. 부당하게 선교지를 매혹적으로 보이도록 하거나, 균형 잡히지 않은 방식으로 사역을 보고하지 않도록 기도해주십시오. 자신의 삶과 사역에 대해 정직하고 투명할 수 있도록 기도해주십시오. 그들이 교회 인도자들의 조언이나 그들을 돕고자 하는 사람들의 권면을 수용하도록 기도해주십시오.

실패한 선교사

　선교 사역의 실패로 인해 본국으로 돌아오는 것은 인생의 가장 고통스러운 체험 가운데 하나입니다. 실패한 선교사들이 사람들은 줄 수 없을지라도 하나님은 주실 수 있는 하나님의 용서를 받아들일 수 있도록 기도해주십시오. 그들이 다른 사람들에게 책임을 돌리거나, 혹은 자신을 변명하거나 하지 않고, 다만 겸손하게 책임을 받아들일 수 있도록 기도해주십시오. 좌절 가운데 머물지 않고 주님과 친밀한 동행을 회복할 수 있도록 기도해주십시오. 신뢰할 만한 사람과 연결될 수 있도록 기도해주십시오. 실패한 다윗과 베드로에게 주님이 하신 것처럼 주님이 그들도 여전히 사용하실 수 있음을 알도록 기도해주십시오. 비록 그들이 다시 선교지로 돌아가지 못할지라도, 지역 교회에서 유용한 도구로 잠잠히 자신의 역할을 행하는 것을 배울 수 있도록 기도해주십시오. 현재 상황에서 시험을 피할 수 있는 방법을 찾을 수 있도록 기도해주십시오. 주님이 그들에게 만족스러운 일, 또 성취를 통해 보람을 느낄 수 있는 일을 주시도록 기도해주십시오. 가족들이 함께 하면서 서로에게 힘을 주고, 또 세상과 교회에 하나님의 용서와 치유를 나타낼 수 있도록 기도해주십시오. 교회는 "사랑은 허다한 죄를 덮는" 곳임을, 하늘 아버지께서는 잃어버린 탕자가 집으로 돌아오는 것을 환영한다는 것을 나타낼 수 있도록 기도해주십시오. 교회가 실패 상황에 대해서만 함부로 말할 것이 아니라 개인적이고도 구체적으로 기도하는 것을 배우도록 기도해주십시오. 지도자의 실패를 처리해야 하는, 남겨두고 온 선교지의 현지인들을 위해, 그들이 이번 일을 하나의 경고로 알되, '죄를 범할 수도 있구나.' 하는 죄를 허용하는 태도나 일종의 허가증으로 상황을 받아들이지 않도록 기도해주십시오. 현지인들이 사람에게서 눈을 돌려 그들을 실망시키지 않으시는 주님을 바라볼 수 있도록 기도해주십시오.

돌아온 선교사

돌아온 선교사들이 본국으로 돌아오도록 하신 하나님의 인도하심을 분별하도록 기도해주십시오. 만일 그들이 세상을 이기신 주님의 승리 안에 거한다면 역 문화 충격이라는 증상을 경험할 필요가 없음을 알도록 기도해주십시오. 그들이 주님의 계획을 이해할 수 없을지라도 그것을 받아들이도록 기도해주십시오. 돌아온 일이 그들의 통제 밖에 있는 문제일지라도 주님이 모든 것을 책임지시고 계심을 알도록 기도해주십시오. 하나님은 사역의 다른 측면을 통해 역사하시며, 본국에서 더 유익한 일로 사용해주신다는 것을 그들이 신뢰할 수 있도록 기도해주십시오. 자신들은 그렇게 생각하지 않을지라도 주님은 그들의 사역이 이루어졌다고 생각하신다는 것을 깨달을 수 있도록 기도해주십시오. 그들이 본국으로 돌아오는 것을 서두르게 만든 사람들, 즉 현지인이거나 또는 자신의 자녀들, 아니면 교회 인도자들, 혹은 동료 선교사들이든 간에 나쁜 감정을 갖지 않도록 기도해주십시오. 다른 사람들의 도움을 통해 자신의 사역이 끝났음을 받아들일 수 있도록 기도해주십시오. 그들이 모든 사람이 다 일생동안 선교 사역을 하도록 부르심을 받는 것은 아니라는 사실을 받아들이도록 기도해주십시오. 건강을 잃는 일도 하나님이 허락하신 일이라는 것을 깨닫도록 기도해주십시오. 자녀 교육이 선교지에서의 성공보다 더 중요한 일임을 알도록 기도해주십시오. 만일 주께서 그들이 선교지에 있기를 원하셨다면 적절한 재정후원을 받도록 하셨을 것임을 믿도록 기도해주십시오. 주께서 그들로 하여금 직장이나 본국에서의 사역을 얼마간 하게 하신 후에 그들의 걸음을 다시 선교지로 인도하실 수도 있다는 것을 배우도록 기도해주십시오. 주님이 그들을 인도하셨다면 본국으로 돌아온 것이 실패가 아님을 알도록 기도해주십시오. 그들이 이 어려운 시기를 통해 더욱 친밀하게 주님과 동행하는 것을 배우고, 또한 그들의 인생에 대한 하나님의 전체적인 계획을 배울 수 있도록 기도해주십시오. 자신들이 선교지에 있는 동안 교회가 재정적으로 후원하지 못한 일에 대해 원망하지 않도록 기도해주십시오. 자녀들이 자신의 선교 사역을 방해했다는 식으로 책임을 돌리지 않도록 기도해주십시오. 낙심과 절망을 이기고 승리할 수 있도록 기도해주십시오.

은퇴한 선교사

 선교사역을 내려놓은 선교사들을 위해 기도해주십시오. 자신들이 젊은 시절 감당했던 사역을 이제는 더 이상 할 수 없다는 사실을 받아들이도록 기도해주십시오. 그들이 기꺼이 사역의 일선에서 물러날 수 있도록 기도해주십시오. 선교지에서 사역을 할 때 했던 대로 똑같이 하나님을 신뢰할 수 있도록 기도해주십시오. 그들이 파송 교회의 사역의 고삐를 잡지 않도록 기도해주십시오. 그들의 외적인 활동이 느슨해졌을 때 오히려 주님과의 사귐의 기쁨을 더욱 체험할 수 있도록 기도해주십시오. 지역교회의 사역의 흐름 속에 있지 않다는 이유 때문에 마음의 고통을 당하지 않도록 기도해주십시오. 지역 교회가 자신의 선교지와는 다르게 사역하거나 또는 자신들이 파송받을 당시와는 다르게 사역하게 될 때 비평적이 되지 않도록 기도해주십시오. 그들이 변화를 삶의 한 부분으로 받아들일 수 있도록 기도해주십시오. 자신의 영적인 은사와 능력을 발휘할 수 있는 사역을 발견할 수 있도록 기도해주십시오. 그들이 사역에서 제외되는 것이 외롭게 홀로 남는 것이 아님을 배울 수 있도록 기도해주십시오. 그들이 전세계 선교사역을 위한 기도에 자신을 헌신할 수 있도록 기도해주십시오. 그들이 자진해서 선교사들에게 격려 편지를 쓰도록 기도해주십시오. 그들이 선교사역을 재정적으로 후원하는 일에 합당하게 조언할 수 있도록 기도해주시기 바랍니다. 젊은이들에게 선교사역을 장려하는 일을 하도록 기도해주십시오. 범세계적인 선교사역에 대한 관심을 함양하는 일에 자신을 헌신하도록 기도해주시기 바랍니다. 자신이 행한 선교사역에 대해 교만한 마음을 갖지 않도록 기도해주십시오. 나이가 들수록 계속해서 그리스도를 닮아갈 수 있도록 기도해주십시오. 그들의 인생 말년이 마치 일몰과 같이 아름다울 수 있도록 기도해주십시오. 그들이 주님의 오심을 기쁨으로 기다리도록 기도해주십시오.

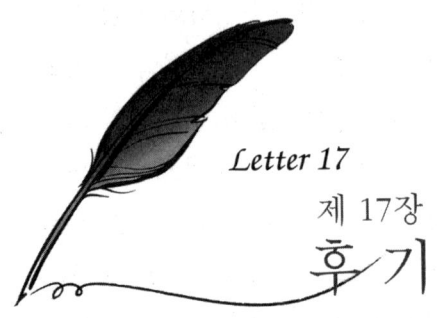

Letter 17
제 17장
후기

자 이제 당신은 마지막에 이르렀습니다. 어쩌면 이제서야 선교를 처음으로 시작하는 것인지도 모르겠습니다. 어떤 경우이든지 저는 선교사에 대한 여러분의 생각이 더욱 높아지면 높아졌지, 낮아지지 않았기를 소망하며 또한 기도합니다. 이 편지를 읽고 나서 모든 선교사들이 이 편지에 묘사된 것과 같은 상태에 있다고 생각해도 괜찮습니다. 어떻든 분명한 것은, 우리는 그들을 존귀하게 보게 되는 "좋은 평판" 그 이상의 것들, 그래서 우리에게 크게 도전이 되는 것들을 보고 들었습니다.

만일 당신이 가지고 있는 선교사들에 대한 환상이 깨졌다면, 부디 이 편지의 처음으로 돌아가서 다시 서문을 읽어보시고, 이 편지들이 쓰인 배경을 상기하시기 바랍니다.

만일 당신이 모든 선교사들은 실패했다고 생각한다면, 그렇다면 하나님의 말씀처럼 거울 앞에 서서, 친구들이 참으로 당신과 당신의 생애를 안다면 당신을 어떻게 볼 것인가를 생각해보시기 바랍니다. 성경은 오히려 실패와 결점과 타락으로 가득한 위대한 인물들에 대해 말하고 있음을 기억하시기 바랍니다. 그럼에도 주님은 여전히 그들을 사용하셨습니다. 우리가 그들의 이야기를 읽고 있기 때문에, 주님은 여전히 우리 삶 속에서 그들을 사용하고 계십니다. 선교사들은 완전하지도 않고 또 "위대한 믿음"의 사람도 아니지만, 하나님께서 그들을 사용하시기 때문에 우리는 그들을 위해 기도해야 하는 것입니다.

이 편지들이 당신으로 하여금 선교사로 주님을 섬기는 이들을 위해 더욱 합당하고도 통찰력있게 기도하도록 했다면, 저의 개인적인 삶과 사역, 그리고 이 편지들을 통해 오래 전에 소원했던 일이 이루어진 것입니다. 이 편지들을 읽어주셔서 감사합니다.

형제들의 집 도서 안내

1. 조지 뮐러 영성의 비밀
   조지 뮐러 지음/이종수 옮김/값 1,000원
2. 수백만을 감동시킨 사람을 감동시킨 바로 그 사람: 헨리 무어하우스
   존 A. 비올리 지음/이종수 옮김/값 1,000원
3. 내 영혼의 만족의 노래
   W.T.P 윌스톤 지음/이종수 옮김/값 1,000원
4. 모든 일을 하나님의 영광을 위하여 하라
   해리 아이언사이드 지음/이종수 옮김/값 1,000원
5. 잃어버린 영혼을 위해서 어떻게 기도해야 하는가
   오스왈드 샌더스, 찰스 스펄전 지음/이종수 옮김/값 1,000원
6. 윌리암 켈리의 로마서 복음의 진수
   윌리암 켈리 지음/이종수 옮김/값 5,000원
7. 이것이 거듭남이다
   알프레드 깁스 지음/이종수 옮김/값 8,000원
8. 존 넬슨 다비의 영성있는 복음
   존 넬슨 다비 지음/이종수 옮김/값 5,000원
9. 로버트 클리버 채프만의 사랑의 영성
   로버트 C. 채프만 지음/이종수 옮김/값 5,000원
10. 영성을 깊게 하는 레위기 묵상
    C.H. 매킨토시 외 지음/이종수 옮김/값 5,000원
11. 존 넬슨 다비의 성경주석: 빌립보서
    존 넬슨 다비 지음/이종수 옮김/값 5,000원
12. 존 넬슨 다비의 히브리서 묵상
    존 넬슨 다비 지음/정병은 옮김/값 9,000원
13. 조지 커팅의 영적 자유
    조지 커팅 지음/이종수 옮김/값 4,000원
14. 윌리암 켈리의 해방의 체험
    윌리암 켈리 지음/이종수 옮김/값 3,000원
15. 존 넬슨 다비의 성경주석: 골로새서
    존 넬슨 다비 지음/이종수 옮김/값 7,000원

16. 구원 얻는 기도

　　　　　　　　　　　　　　　　　　　　이종수 지음/값 5,000원

17. 영혼의 성화

　　　　　　　　　　　　프랭크 빈포드 호올 지음/이종수 옮김/값 1,000원

18. 당신은 진짜 거듭났는가?

　　　　　　　　　　　　　　　아더 핑크 지음/박선희 옮김/값 4,500원

19. C.H. 매킨토시의 완전한 구원

　　　　　　　　　　　　　　C.H. 매킨토시 지음/이종수 옮김/값 4,600원

20. 존 넬슨 다비의 하나님의 뜻을 분별하는 법

　　　　　　　　　　　　　　　존 넬슨 다비 지음/이종수 옮김/값 1,000원

21. 존 넬슨 다비의 성경주석: 요한계시록

　　　　　　　　　　　　　　 존 넬슨 다비 지음/이종수 옮김/값 10,000원

22. 주 안에 거하라

　　　　　　　해밀턴 스미스, 허드슨 테일러 지음/이종수 옮김/ 값 1,000원

23. C.H. 매킨토시의 하나님의 선물

　　　　　　　　　　　　　　C.H. 매킨토시 지음/이종수 옮김/값 4,000원

24. 존 넬슨 다비의 성경주석: 에베소서

　　　　　　　　　　　　　　　존 넬슨 다비 지음/이종수 옮김/값 8,000원

25. 존 넬슨 다비의 영적 해방

　　　　　　　　　　　　　　　존 넬슨 다비 지음/문영권 옮김/값 7,000원

26. 건강하고 행복한 그리스도인이 되는 법

　　　　　　　어거스트 반 린, J. 드와이트 펜테코스트 지음/ 값 1,000원

27. 존 넬슨 다비의 성경주석: 로마서

　　　　　　　　　　　　　　 존 넬슨 다비 지음/문영권 옮김/값 12,000원

28. 존 넬슨 다비의 성화의 길

　　　　　　　　　　　　　　　존 넬슨 다비 지음/이종수 옮김/값 4,500원

29. 기독교 신앙에 회의적인 사랑하는 나의 친구에게

　　　　　　　　　　　　　로버트 A. 래이드로 지음/박선희 옮김/값 5,000원

30. 이수원 선교사 이야기

　　　　　　　　　　　　더글라스 나이스웬더 지음/이종수 옮김/값 5,000원

31. 체험을 위한 성령의 내주, 그리고 충만
　　　　　　　　　　　　　조지 커팅 지음/이종수 옮김/값 4,500원
32. 존 넬슨 다비의 성경주석: 갈라디아서
　　　　　　　　　　　　　존 넬슨 다비 지음/이종수 옮김/값 4,800원
33. 존 넬슨 다비의 성경주석: 요한서신서·유다서
　　　　　　　　　　　　　존 넬슨 다비 지음/문영권 옮김/값 8,000원
34. 존 넬슨 다비의 성경주석: 데살로니가전·후서
　　　　　　　　　　　　　존 넬슨 다비 지음/이종수 옮김/값 8,000원
35. 그리스도와의 연합과 구원(성경공부교재)
　　　　　　　　　　　　　　　　　　　문영권 지음/값 2,500원
36. 그리스도와의 연합과 성화(성경공부교재)
　　　　　　　　　　　　　　　　　　　문영권 지음/값 3,000원
37. 사도라 불린 영적 거장들
　　　　　　　　　　　　　　　　　　　이종수 지음/값 7,000원
38. 당신은 진짜 하나님을 신뢰하는가
　　　　　　　　　　　　　조지 뮬러 지음/ 이종수 옮김/값 4,500원
39. 그리스도와 연합된 천상적 교회가 가진 영광스러운 교회의 소망
　　　　　　　　　　　　존 넬슨 다비 지음/ 문영권 옮김/ 값 13,000원
40. 가나안 영적 전쟁과 하나님의 전신갑주
　　　　　　　　　　　　존 넬슨 다비 지음/ 이종수 옮김/ 값 2,000원
41. 죄 사함, 칭의 그리고 성화의 진리
　　　　　　　　　　　고든 헨리 해이호우 지음/ 이종수 옮김/ 값 2,000원
42. 하나님을 찾는 지성인, 이것이 궁금하다!
　　　　　　　　　　　　　　　　　　　김종만 지음/ 값 10,000원
43. 이것이 그리스도의 심판대이다
　　　　　　　　　　　　　　　　　　　이종수 엮음/ 값 8,000원
44. 존 넬슨 다비의 성경주석: 마태복음
　　　　　　　　　　　　　존 넬슨 다비 지음/이종수 옮김/값 16,000원
45. C.H. 매킨토시의 하나님에 관한 진실
　　　　　　　　　　　　　C.H. 매킨토시 지음/이종수 옮김/값 1,000원

46. 존 넬슨 다비의 성경주석: 여호수아
  존 넬슨 다비 지음/문영권 옮김/값 8,000원
47. 찰스 스탠리의 당신의 남편은 누구인가
  찰스 스탠리 지음/이종수 옮김/값 4,000원
48. 존 넬슨 다비의 성령론
  존 넬슨 다비 지음/이종수 옮김/값 13,000원
49. 존 넬슨 다비의 영적 해방의 실제
  존 넬슨 다비 지음/이종수 옮김/값 5,000원
50. 존 넬슨 다비의 주요사상연구: 다비와 친구되기
  문영권 지음/값 5,000원
51. 존 넬슨 다비의 죽음 이후 영혼의 상태
  존 넬슨 다비 지음/이종수 옮김/값 5,000원
52. 신학자 존 넬슨 다비 평전
  이종수 지음/ 값 7,000원
53. 존 넬슨 다비의 요한복음 묵상
  존 넬슨 다비 지음/이종수 옮김/값 8,000원
54. 프레드릭 W. 그랜트의 영적 해방이란 무엇인가
  프레드릭 W. 그랜트 지음/이종수 옮김/값 4,500원
55. 홍해와 요단강을 통해서 나타난 하나님의 구원
  윌리암 켈리 지음/ 이종수 옮김/ 값 4,800원
56. 그리스도와의 연합을 위한 성령의 역사
  윌리암 켈리 지음/ 이종수 옮김/ 값 19,000원
57. 누가, 그리스도인가?
  시드니 롱 제이콥 지음/ 박영민 옮김/ 값 7,000원
58. 선교사가 결코 쓰지 않은 편지
  프레드릭 L. 코신 지음/ 이종수 옮김/ 값 9,000원

Originally published under the title of
"Letters Missionaries Never Write"
by Frederick L. Kosin
Copyright©2002 Frederick L. Kosin
The Parchment House
PO Box 7505
Florence, SC 29502-7505

Korean translation copyright
ⓒ 2013 by Brethren House, Korea
All rights reserved

선교사가 결코 쓰지 않은 편지
ⓒ형제들의 집 2013

초판 발행 • 2013.5.31
지은이 • 프레드릭 L. 코신
옮긴이 • 이 종 수
발행처 • 형제들의집
판권ⓒ형제들의집 2013
등록 제 7-313호(2006.2.6)
Cell. 010-9317-9103
홈페이지 http://brethrenhouse.co.kr
카페 cafe.daum.net/BrethrenHouse
ISBN 978-89-93141-58-0 03230

＊값은 뒤표지에 있습니다.
＊잘못된 책은 바꿔드립니다.
＊서점공급처는 〈생명의말씀사〉 입니다. 전화(02) 3159-7979(영업부)